今泉六郎

ヘーゲル自筆本を日本にもたらした陸軍獣医

寄川条路 YORIKAWA Joji

ナカニシヤ出版

まえがき

東京・神田の古書店で売られていたドイツの哲学者ヘーゲル（一七七〇－一八三一年）のデビュー作『フィヒテとシェリングの哲学体系の差異』（一八〇一年の初版本、通称『差異論文』）にある書き込みが、ヘーゲル自身によるものであることが昨年（二〇一四年）、判明した。

書き込みがされていたのは、本のとびらと本文の間にある遊び紙。一八〇二年の『エアランゲン文芸新聞』に掲載された匿名の書評と、ヘーゲルの注目すべきコメントが書き込まれていた。当時の彼の思想を再現する、第一級の原典資料である。

このきわめて貴重な本は、どうして日本の古書市場に出回ったのか。最初の大きな手がかりは、本の見返しにある「今泉博士寄贈」という書き込みだった。

「今泉博士」とは、会津出身の獣医学博士・今泉《いまいずみ》六郎《ろくろう》（一八六一－一九三二年）のこと。今泉は一八九〇年から九三年にかけて、ドイツのベルリン高等獣医学校に留学していた。帰国後は陸軍一等獣医正（大佐）まで栄進し、陸軍獣医学校の校長を務めた。退職後は、神奈川県小田原市に隠居していたが、ある日、近くの小田原中学校（旧・神奈川県立第二中学校、現・小田原高等学校）が放火で焼け、蔵書が失われる。そのことを知った今泉は一九一四年（大正三年）五月七日、「教育用の参考書」として、洋書十冊を含む蔵書百十八冊を学校に寄贈。その中の一冊が『差異論文』だった。

ところが、なぜかこの本だけが、昭和に入ると捨てられてしまう。蔵書印に添えて「廃棄分」と書かれ、文字の一部がやすりで消された跡があった。そこから先の経緯は、はっきりしない。一気に時代は飛んで二〇〇〇年、東京・中野の訪書堂古書店が、ある大学教授（氏名不詳）の遺族から五百冊の洋書を買い取る。その中に、この本があった。

買い取った洋書は、東京古書組合の入札会に出品された。いま、洋書はインテリアとしての需要がある。インテリア用として、東京・目黒の西村文生堂書店が全冊を買い取った。その中の一冊に東京・神田の田村書店が目を止める。背表紙だけ見て、うずもれた高額本を見出す「せどり」で、『差異論文』を抜き取った。

その後、本は田村書店のインターネットのショップに四十一万円余で出品された。そこに出ていた画像にある書き込みを見て、私はすぐに、ヘーゲル本人の筆跡だとピンときた。かつてヘーゲル関連の資料を集めたドイツのヘーゲル文庫で、何度もじかに筆跡を見たことがあったからだ。念のためヘーゲル文庫に鑑定を依頼して確かめたうえで本を購入し、ヘーゲル文庫に寄贈した。本はいま、ヘーゲル文庫の地下室の金庫の中で眠りについている。

もともとヘーゲルの書斎にあったはずの本を、今泉はなぜ入手できたのだろうか。それを解くカギは、今泉の寄贈した別の本にあったベルリンの古書店のシールにある。ヘーゲルの蔵書は、その死後、競売にかけられ、図書館や古書店に散逸した。留学中、今泉の下宿から二キロほど先に二軒の古書店があり、今泉はそこで購入した哲学書など五十冊を日本に持ち帰った。その中に、ヘーゲルが一八〇一年に発表して以来、三一年に亡くなるまで手元に置いていた自筆本が含まれていた。若き陸軍二等獣医（中尉）だった今泉が、実は獣医学以上に哲学に関心を抱いていたことが入手につながった。

ヘーゲルが生前に出版した本はたったの五冊しかない。その中の一冊が、発行から二百年以上の時を経て、遠く離れた日本で見つかった。しかも、ヘーゲルが所蔵していた本としては、現存する唯一のものである。本書は、この世紀の発見をめぐる探索の書である。

以下において、今泉六郎の生涯に重ね合わせながら、ヘーゲルの自筆本がたどった運命を順に追っていく。

目次

今泉六郎——ヘーゲル自筆本を日本にもたらした陸軍獣医——

第一章　今泉六郎とヘーゲル

東京・神田神保町の古書店「田村書店」にヘーゲルの最初の本『フィヒテとシェリングの哲学体系の差異』（一八〇一年）が売りに出され、この本の見返しにある書き込みがヘーゲル自身によるものであることが、二〇一四年七月に判明した。

本の見返し（遊び紙）の表と裏にある書き込みは、『エアランゲン文芸新聞』（一八〇二年六月）に掲載された『差異論文』への書評からの抜粋と、それに対するヘーゲル自身のコメントであり、当時の思想を再現するきわめて貴重な第一級の原典資料であるといえる。

本そのものについて言えば、本来は並装であるが、発見された本は十八世紀から十九世紀にかけて広まったマーブル模様の装丁になっており、本の所有者の指示によって製本所であとか

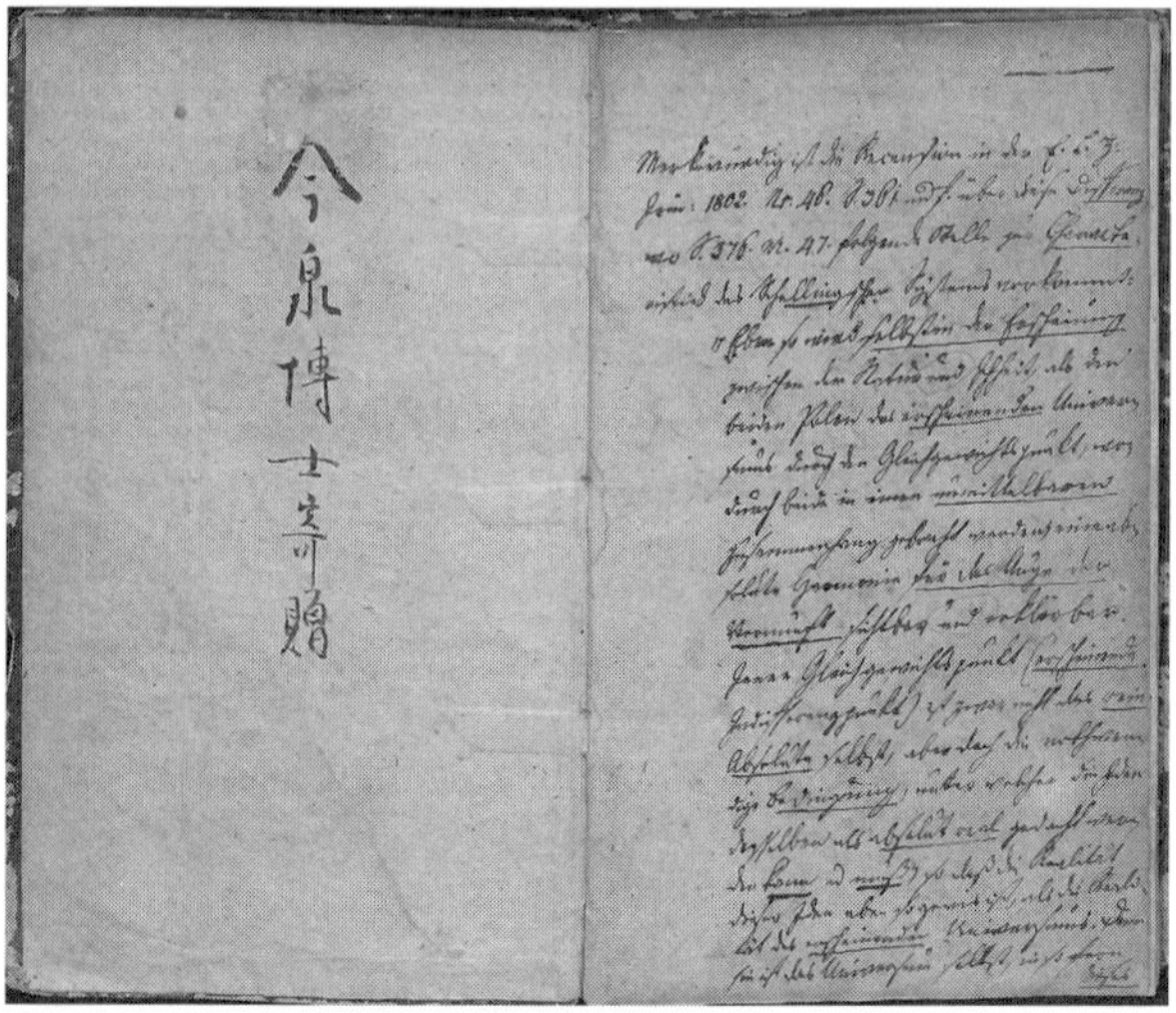

写真１　ヘーゲル『差異論文』の見返しと遊び紙（表）

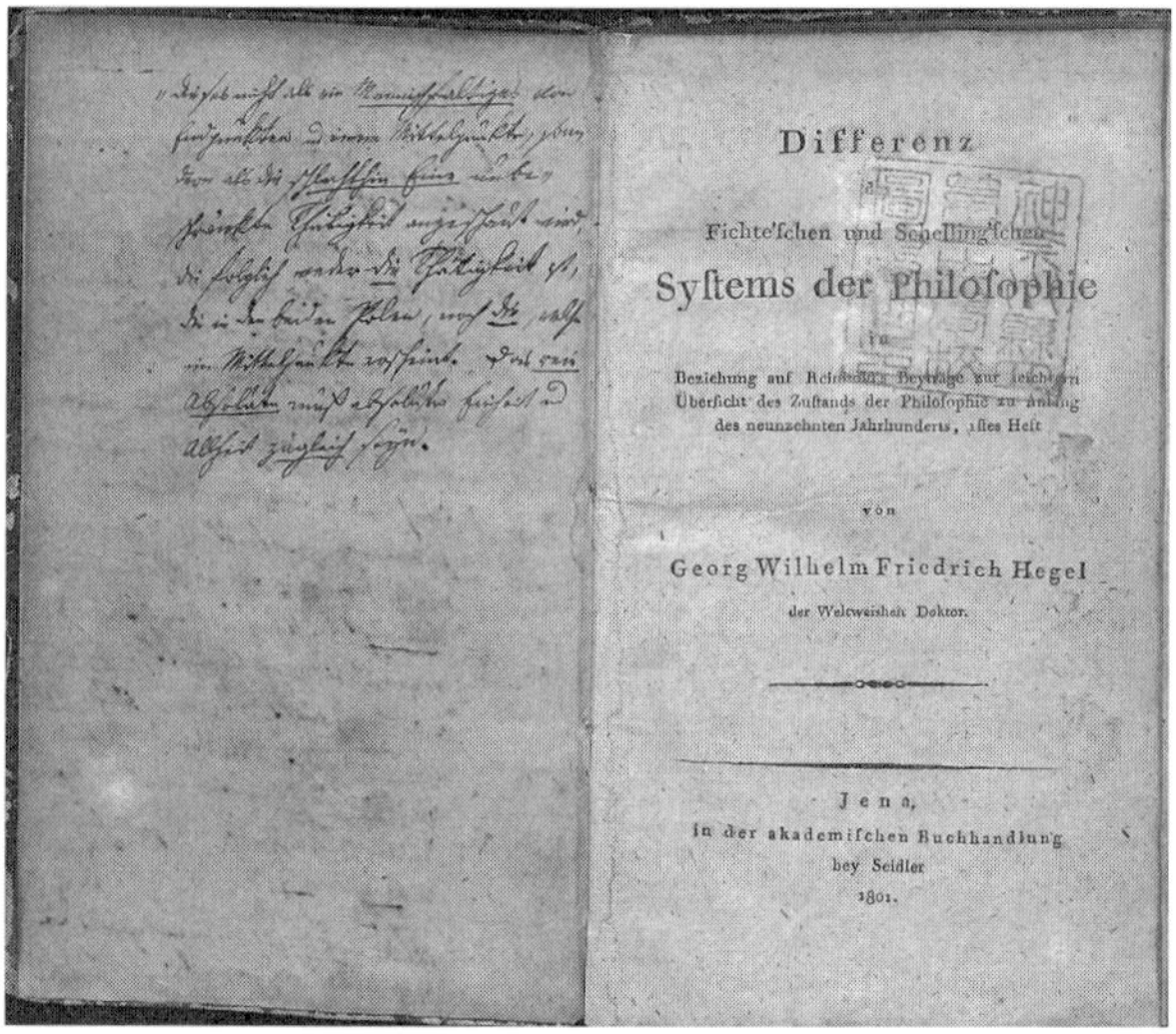
Differenz

Fichte'schen und Schelling'schen

Systems der Philosophie

in

Beziehung auf Reinhold's Beyträge zur leichtern Übersicht des Zustands der Philosophie zu Anfang des neunzehnten Jahrhunderts, 1stes Heft

von

Georg Wilhelm Friedrich Hegel

der Weltweisheit Doktor.

Jena,
in der akademischen Buchhandlung
bey Seidler
1801.

写真２　ヘーゲル『差異論文』の遊び紙（裏）と扉

ら製本し直されたものだとわかる。

また、本の見返し（きき紙）には「今泉博士寄贈」という書き込みがあり（写真1）、本のとびらには「神奈川県立第二中学校」の蔵書印が押されている（写真2）。また、とびらには「廃棄分」と手書きされていたが（写真3）、これはのちに古書店によって紙やすりで消されている。

この本を寄贈した「今泉博士」とは、一八九〇年から一八九三年までベルリン高等獣医学校に留学していた獣医学博士・今泉六郎（一八六一－一九三二年）（写真4）であることがわかった。

陸軍獣医学校の校長をしていた今泉六郎・陸軍一等獣医正（大佐）は、退職後に東京から小田

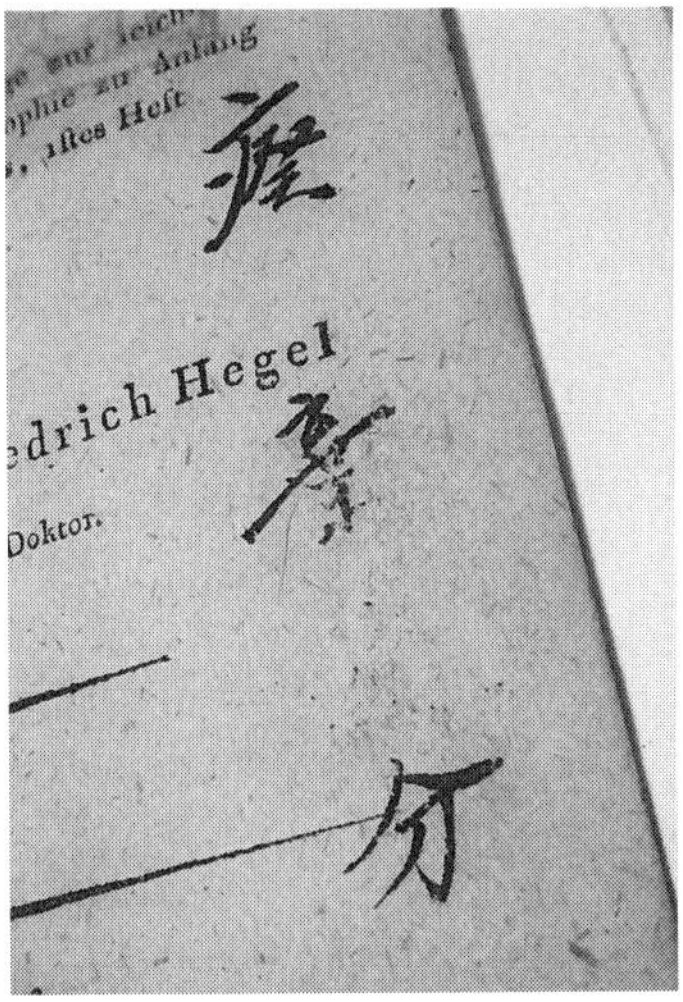

写真3　『差異論文』の扉にあった「廃棄分」

写真4　ドイツ留学中の今泉六郎（学校法人北里研究所所蔵）

原に移り、一九一四年に自らの蔵書百十八冊を、放火のために校舎を焼失したばかりの小田原中学校に寄贈していた。小田原中学校とは、蔵書印にある神奈川県立第二中学校の後身で、現在の小田原高等学校である。

発見されたヘーゲルの自筆書き込み本は、今泉が小田原中学校に寄贈した百十八冊の本の中の一冊ではあるが、その本がいつ図書館から廃棄されたのかはわからない。しかし、調査の結果、廃棄されたのが一九二六年以降であること、東京の古書店が二〇〇〇年頃に、ある個人からその本を買い取っていたこと、そしてその本が東京古書組合の入札会に出品されたのちに、別の古書店に買い取られていたことは確認できた。

さらに、これまでの調査によれば、今泉はすでに一九〇三年に、蔵書二百四十七冊を生まれ故郷である福島県会津若松市の会津図書館に寄贈していたこともわかった。その中にはドイツの哲学者カント、ヘルダー、ヤコービ、ローゼンクランツなどの初版本が多数あった。ヤコービの『デイビッド・ヒューム』（一七八七年）という本には数頁《ページ》にわたる書き込みがあるが、だれが書いたものなのかはまだわかっていない（第三章参照）。

以下に、ヘーゲルの自筆書き込み本がどのようにして東京の古書店で発見されるにいたったのかを追っていきたい。

一　ヘーゲル『差異論文』の自筆書き込み本の成立

最初に、ヘーゲルの略歴を確認しておこう。

ゲオルグ・ヴィルヘルム・フリードリヒ・ヘーゲルは、一七七〇年八月二十七日にドイツの南西部にあるヴュルテンベルク公国の首都シュトゥットガルトで生まれ、一七八八年にテュービンゲンの神学校（現在のテュービンゲン大学）に入学して、のちに哲学者となるシェリング、詩人となるヘルダーリンといっしょに哲学と神学を学んでいる。

テュービンゲンの神学校を卒業すると、一七九三年にはスイスのベルンで家庭教師となり、一七九七年にはドイツのフランクフルトで家庭教師となる。一八〇一年一月にヘーゲルは、すでに大学教授となっていたシェリングを頼ってドイツの中部イェーナへ赴き、その地で五月から七月まで『差異論文』を執筆して九月に出版している。シェリングの推薦を得たヘーゲルは一八〇一年十月にはイェーナ大学の講師になり、一八〇二年にはシェリングとともに『哲学批評雑誌』を刊行している。

この間にヘーゲルは、『エアランゲン文芸新聞』の編者であるメーメルへ手紙を送り、四つの書評をこの書評紙に発表してもらっている。すなわちそれは、「ブーターヴェク批評」（一八〇一年九月十五日・十六日）、「ヴェルネブルク批評」（一八〇二年四月九日）、「ゲルシュテッカー批評」（一八〇二年四月二十八日）、「クルーク批評」（一八〇二年六月四日）である。

そしてこの同じ書評紙に、すなわち、『エアランゲン文芸新聞』第四十六号（一八〇二年六月九日）、第四十七号（同年六月十一日）、第四十八号（同年六月十四日）に、ヘーゲルの処女作『差異論文』への批評が掲載されることになり、この批評をヘーゲルは自分の『差異論文』の中に書き込んでいるわけである。

ヘーゲルは『エアランゲン文芸新聞』に掲載された自著への書評を書き写しているのだが、その当時の書評は評者の名まえを書かずに匿名で発表するのが一般的だった。『エアランゲン文芸新聞』には評者の名まえがわかるものは何も公表されていないから、したがっていまのところは、ヘーゲル『差異論文』の批評をだれが書いたのかはわかっていない。

さて、一八〇六年、イェーナの戦いでプロイセン軍がナポレオン率いるフランス軍に完敗すると、一八〇七年にはイェーナ大学も閉鎖されてしまう。ヘーゲルはバンベルクに移って新聞の編集者をしながら、彼の主著にあたる『精神現象学』を発表している。翌年の一八〇八年にはニュルンベルクにできたギムナジウム（中等教育学校）の校長になり、一八一二／一三年と一八一六年に二巻からなる大著『論理学』を発表している。

一八一六年にヘーゲルはドイツでもっとも古いハイデルベルク大学の教授に招かれ、一八一七年には『哲学体系』の第一版を発表している。翌年の一八一八年には新設されたベルリン大学の教授になり、一八二一年には『法哲学綱要』を、一八二七年には『哲学体系』の第二版を、さらに一八三〇年にはその第三版を発表している。これによってドイツの哲学界のみならず、ヨーロッパの学問社会の頂点に立つが、しかし一八三一年十一月十四日にコレラのためプロイセン王国の首都ベルリンで急死している。享年六十一歳であった。

以上をまとめてみると、ヘーゲルが生前に出版した本は、『差異論文』『精神現象学』『論理学』『哲学体系』『法哲学綱要』のたった五冊であり、彼はこれらの本を自分で使うために手元に置いていたものと思われる。

ところが、ヘーゲルの死後に彼の蔵書はすべて、二十一歳年下の妻マリアによって、ベルリンの古書店や図書館に売り払われてしまう。したがって、東京の古書店で発見された『差異論文』は、実際にヘーゲルが使っていた自家本がベルリンの古書店から流れてきたものであると考えられる。

ヘーゲルの自筆の書き込みがある『差異論文』の見返しを見るとわかるが、手書きの部分は、新聞に掲載された書評を書き写したものなので、きれいに書かれていて、たいへん読みやすい。

見返しにある書き込みがヘーゲルによるものだという筆者の推定は、ボーフム大学ヘーゲル文庫のヴァルター・イェシュケ所長によって確定されている。ただし、一二五ページにある誤植の訂正「一方は」(das eine) がヘーゲルによるものなのか、あるいは他人の手によるものなのかは、はっきりしない。筆跡とインクが違うものなので、ひょっとするとこの部分だけは日本人が書いたのかもしれない。

二　ヘーゲル『差異論文』にある書き込みについて

まずは、ヘーゲル『差異論文』にある書き込みを再現しておきたい。ここでは、『エアランゲン文芸新聞』に掲載された書評をもとに、ヘーゲル文庫のヴァルター・イェシュケによる転写を載せておく。

最初の四行は書評に対するヘーゲル自身のコメントであり、つぎの二十六行は『エアランゲン文芸新聞』第四十七号（一八〇二年六月十一日）に掲載された書評からの抜粋である。転写はヘーゲルの書き込みと同じ行配列にしている。

書き込み箇所はすべて黒のインクで書かれているが、六行目と十二行目にある「と」(und) と「そして」(und) は鉛筆で丸く囲まれている。強調箇所は、『差異論文』にある書き込みでは下線が引かれているが、『エアランゲン文芸新聞』に掲載された原文ではイタリック体である。なお、ドイツ語の省略語は解いている。

Merkwürdig ist die Recension in der Erlanger Literatur Zeitung:
Juni 1802. Nr. 46. S. 361. und folgende über diese Differenz,
wo S. 376. Nr. 47. folgende Stelle zur Characte-
ristick des Schellingschen Systems vorkommt:
"Eben so wird selbst in der Erscheinung
zwischen der Natur und Ichheit, als den
beiden Polen des erscheinenden Univer-
sums durch den Gleichgewichtspunkt, wo-
durch beide in einen unmittelbaren
Zusammenhang gebracht werden, eine ab-

solute Harmonie für das Auge der
Vernunft sichtbar und erklärbar.
Jener Gleichgewichtspunkt (erscheinende
Indifferenzpunkt) ist zwar nicht das rein
Absolute selbst, aber doch die nothwen-
dige Bedingung, unter welcher die Idee
desselben als absolut real gedacht wer-
den kann, und muß, so daß die Realität
dieser Idee eben so gewiß ist, als die Reali-
tät des erscheinenden Universums. Denn
sie ist das Universum selbst, in so fern |
dieses nicht als ein Mannichfaltiges von
Endpunkten und einem Mittelpunkte, son-
dern als die schlechthin Eine unbe-
schränkte Thätigkeit angeschaut wird,

die folglich weder die Thätigkeit ist,
die in den beiden Polen, noch die, welche
im Mittelpunkte erscheint. Das rein
Absolute muß absolute Einheit und
Allheit zugleich seyn.”

つぎに、ヘーゲルのコメントと『エアランゲン文芸新聞』からの抜粋箇所を日本語に翻訳しておく。可能なかぎりヘーゲルの書き込みと同じ行配列にしている。ただし、ヘーゲルの『差異論文』にある下線は、原文の『エアランゲン文芸新聞』ではイタリックであるが、日本語の訳文では傍点で示している。六行目と十二行目にある「と」（und）と「そして」（und）は鉛筆で丸く囲まれている。

注目すべきは、『エアランゲン文芸新聞』の書評、一八〇二年六月、第四十六号、三六一頁。この『差異論文』については、つぎの第四十七号、三七六頁。

シェリングの体系の性格については、つぎの箇所に出てくる。

「まさに同様に、現象においてさえ、
自然と自我のあいだで、
現象する万物の二つの極のあいだで、
平衡《へいこう》点を通じて、
二つの極は一つの直接的な
関係にもたらされる。
絶対的な調和が、理性の目には
見えており、そして説明できる。
かの平衡点（現象している
無差別点）は、なるほど純粋に
絶対的なものそのものではないが、しかしそれにもかかわらず、
必要な条件であって、その下では、絶対的なものの理念は
絶対的に実在するものと考えられうるし、
そう考えなければならない。したがって

この理念の実在性は、確かなものであり、現象する万物の実在性と同じものである。というのも、絶対的なものの理念の実在性が万物そのものであるのは、／これが多様なものではなく、終着点でも中間点でもなくて、端的に一つのものであって、制限のない活動とみなされるからである。したがって、その活動は、両極に現れる活動でもなければ、中間に現れる活動でもない。純粋に絶対的なものは、絶対的に一つのものであり、同時に全体でなければならない。」

つづいて、ヘーゲル『差異論文』の書評が掲載された『エアランゲン文芸新聞』の出典箇所を挙げておく。全体は大きく三つに分けられて掲載されている。

「書評のはじめ」『エアランゲン文芸新聞』（一八〇二年六月九日、水曜日）第四十六号、三六一－三六八頁、批評。

「書評のつづき」『エアランゲン文芸新聞』（一八〇二年六月十一日、金曜日）第四十七号、三六九－三七六頁、批評。

「書評のおわり」『エアランゲン文芸新聞』（一八〇二年六月十四日、月曜日）第四十八号、三

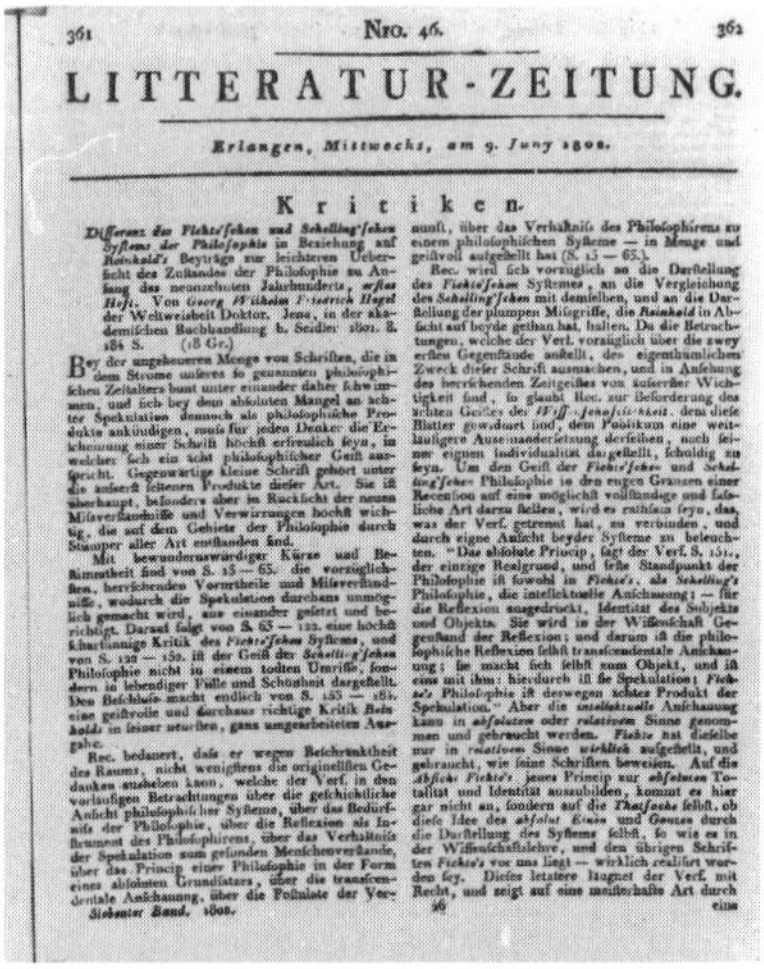
361 NRO. 46. 362

LITTERATUR-ZEITUNG.

Erlangen, Mittwochs, am 9. Juny 1802.

Kritiken.

Differenz des Fichte'schen und Schelling'schen Systems der Philosophie in Beziehung auf Reinhold's Beyträge zur leichteren Uebersicht des Zustandes der Philosophie zu Anfang des neunzehnten Jahrhunderts, erstes Heft. Von Georg Wilhelm Friedrich Hegel der Weltweisheit Doktor. Jena, in der akademischen Buchhandlung b. Seidler 1801. 8. 184 S. (18 Gr.)

写真５　『エアランゲン文芸新聞』の表紙

375 Litteratur-Zeitung. NRO. 47. Juny 1802. 376

(Der Beschluss im nächsten Kritikenblatt.)

写真６　『エアランゲン文芸新聞』の引用箇所

七七－三七九頁、批評。

ここで、『エアランゲン文芸新聞』第四十六号（一八〇二年六月九日）の最初の部分（表紙）（写真5）と、ヘーゲルが『差異論文』に書き写した『エアランゲン文芸新聞』第四十七号（一八〇二年六月十一日）の最後の部分（引用箇所）（写真6）を載せておきたい。

『差異論文』にある書き込みと書評掲載紙を比べてみると、第四十七号の三七六頁にある右下の二十一行分が、ほぼ正確に写し取られているのがわかる。引用箇所に見られるわずかな違いは、ドイツ語の正書法によるもので、内容上の違いはまったくない。

三　ヘーゲル『差異論文』のドイツから日本への移入について

それでは、いつ、どこで、どのようにして今泉六郎はヘーゲルの『差異論文』を手に入れ、そして日本に持ち帰ったのだろうか。正確なところはわからないのだが、しかし、今泉がヘーゲルの本を手に入れたであろう書店の手がかりはある。

今泉が日本に持ち帰ったドイツ語の本に貼られている書店シールから判断すると、今泉はこれらの本のうちの一冊を北ベルリンのアウグスト・シュルツェ書店（フリードリヒ通り一三一番地）で購入し、十二冊の本を西ベルリンのリヒャルト・ジーベルト書店（オーバーヴァル通り二十番地）で購入したことがわかる。

今泉は北ベルリンのシェーンハウザー通り一八三番地二号ナーゲル方に住んでいたから、どちらの書店も今泉の下宿からおおよそ二キロメートル離れていたことになる。もちろん今泉はどちらの書店にも歩いて行くことができたはずだ。

今泉は、一八九〇年にドイツ留学を命じられ、ベルリン中心部にある高等獣医学校（ルイーゼン通り五十六番地）のヨハン・ヴィルヘルム・シュッツのもとで獣医学を学んでいた。しかし、翌年の一八九一年には早くも、ベルリン郊外にある伝染病研究所（ノルトウーファー二十番地）に移って、ロベルト・コッホのもとで細菌学を学んでいる。その後、今泉はミュンヘンで内科と外科の臨床を学んで、オーストリア＝ハンガリー、イタリアの陸軍獣医部を視察してベルリンにもどってくる。

そして今泉は、一八九三年にはベルリンから日本に帰国して、東京の陸軍獣医学校の教官になり、日本にドイツの獣医学を導入していく。

それからというもの、一九〇〇年には陸軍獣医学会を設立して、一九〇三年には陸軍獣医学校の校長にまで上り詰めるが、しかし陸軍内部での軋轢《あつれき》からか、一九一〇年には陸軍を退役して、東京から神奈川県小田原に移って隠居している。そして一九三二年（昭和七年）六月三日に、小田原の自宅で亡くなっている。享年七十一歳であった。

ドイツに滞在していた頃の今泉について、もう少し踏み込んで考察してみよう。

今泉は、当初はベルリンの高等獣医学校で獣医学を学んではいたものの、しかし翌年にはすぐにコッホの伝染病研究所へと移っている。しかも、ドイツから帰国する際に持ってきた本の多くは、専門分野である獣医学の本ではなかった。

今泉はその当時、ドイツの進化論者であるエルンスト・ヘッケル（一八三四－一九一九年）に私淑していたらしく、また、カントやヘーゲルなどの哲学者にも関心を示していたようで、後年の雑誌にはつぎのように書かれている。

今泉六郎博士は明治二三年二月独逸《どいつ》留学を命ぜられ、当初普露西《プロシア》王国獣医高等学校に学び、其後《そののち》墺匈伊《おうきょうい》〔オーストリア＝ハンガリー、イタリア〕国に転し、在外《ざいがい》実《じつ》に三年有半《ゆうはん》、其間《そのかん》専門の獣医学よりも、却《かえ》つて哲学及び法律学を研究したることは有名なるものなりし。（「獣医

界の怪傑《かいけつ》　獣医学博士今泉六郎君伝」『馬匹《ばひつ》世界』第五年十一月号、帝国馬匹研究会、一九一一年、二三頁。〔　〕は引用者による。以下全編同じ）

『馬匹世界』に「獣医界の怪傑」今泉六郎の伝記が書かれたとき、退役した今泉は東京から小田原に移って隠居していた。

ちょうどそのころ、小田原中学校では二度にわたる火災が発生している。一九一一年（明治四十四年）十二月二十六日の一度目の火災では図書室を含む校舎一棟が全焼し、一九一四年（大正三年）三月十一日の二度目の火災では仮教室として使用していた体育館を焼失している。二度とも不審火によるものであり、出火の原因は不明であるが、二度目の火災は、卒業試験前の放火によるものと考えられる。

一九一四年（大正三年）三月に、小田原駅の地にあった初代校舎を焼失した小田原中学校は、一九一四年（大正三年）六月に旧小田原城のあった八幡山《はちまんやま》の新校舎に移転する予定だった。新校舎への移転をまえにして、今泉六郎はみずからの蔵書百十八冊を小田原中学校に寄贈しようとした。

小田原中学校の『寄附物件ニ関スル書類』によれば、一九一四年四月二十七日に今泉から神奈川県知事宛の「寄附願」（書籍目録）が小田原中学校に提出され、同年五月六日に神奈川県知事の許可が下り、翌日の五月七日には今泉の蔵書百十八冊（和漢書百八冊、洋書十冊）が小田原中学校に受領されたことになっている。

『寄附物件ニ関スル書類』には、今泉が自分で書いたと思われる「寄附願」（書籍目録）が付いており（巻末「資料」の二）、洋書十冊はすべてドイツ語の本であって、その中にヘーゲル『フィヒテとシェリングの哲学体系の差異』という長い書名が、ドイツ語で正確に書かれている。

小田原高等学校で今泉が寄贈した本の所蔵状態を調べたところ、百十八冊のうち百十二冊（和漢書百七冊、洋書五冊）の所在が確認された。また、所蔵されている寄贈図書にはすべて、手書きで「今泉博士寄贈」と書き込まれ、「神奈川県立第二中学校」または学制改革後の名称である「小田原高等学校」の蔵書印が押されていた。

ただし、東京の古書店で発見されたヘーゲルの『差異論文』には「神奈川県立第二中学校」の蔵書印は押されていたが、「小田原高等学校」の蔵書印は押されていなかった。

ヘーゲルの『差異論文』は、たしかに、今泉が寄贈した十冊のドイツ語の本の中にあったのだが、しかしその後、この本だけが「廃棄分」に回されることになる。それはなぜだろうか。

いつ、そしてどのような理由から、ヘーゲルの『差異論文』だけが廃棄処分にされたのかは、残されている資料からはわからない。ただし、はっきりしているのは、ヘーゲルの『差異論文』には「第二中学校」の蔵書印は押されているが、「小田原中学校」の蔵書印も「小田原高等学校」の蔵書印も押されていないこと、蔵書を廃棄処分にする際に、「消印」が押されたのではなく、「廃棄分」と手書きされたということである。

四　ヘーゲル『差異論文』の廃棄と発見について

では、最後に、神奈川県の小田原中学校から東京・神田の古書店へと、どのようにしてヘーゲルの『差異論文』が渡っていったのかを見ておこう。

東京古書組合に残っている売買記録と、東京の古書店からの聞き取り調査から、つぎのことが明らかになった。

ヘーゲルの『差異論文』は、小田原中学校あるいは小田原高等学校で廃棄処分にされて、その後、古書店を通じて、ある個人（おそらくは大学教員）に渡っていた。二〇〇〇年頃に、当時は大学教員からの蔵書買入を専門にしていた東京・中野の古書店「訪書堂書店」が、亡くなった大学教員（氏名は不明）の洋書数百冊をその遺族から買い受けている。その中にヘーゲルの『差異論文』が含まれていた。だがそこには、その他の今泉寄贈図書はなかった。

訪書堂書店はこれらの本を自社の倉庫に長く保管しておいたものの、二〇一三年に洋書の売買が盛んになると、東京古書会館で行われている古書入札会にこれらの洋書を出品することになった。

このとき、インテリア用に洋書を扱っている東京・目黒の古書店「西村文生堂書店」がこれらの洋書を一括して一万六千円で買い取っている。そして、その中にあった一冊だけを（すなわちこれがヘーゲルの『差異論文』なのだが）東京・神田の老舗「田村書店」が千五百円で西村文生堂書店から譲り受けたのである。

これが、背表紙だけを見て一冊の本を抜き取ることから、埋もれた高価本を見つけて転売することを意味する「せどり」と呼ばれるものだ。ヘーゲルの『差異論文』を入手した田村書店はその後、自店のウェブサイトにつぎのような商品説明を載せている。

HEGEL, G.W.F. Differenz des Fichte'schen und Schelling'schen Systems der Philosophie in Beziehung auf Reinhold's Beyträge ［zur leichtern Übersicht des Zustands der

Philosophie] zu Anfang des neunzehnten Jahrhunderts, erstes Heft.（独）フィヒテとシェリングの哲学大系《ママ》の差異、ヘーゲル著、初版［13866］New 販売価格：四十一万千四百円（税込）

イエナ、ザイトラー発行、一八〇一年刊。二〇〇×一一五㎜、厚紙当時装幀《そうてい》、表紙烈《はげ》しく擦《す》れ、図書館旧蔵書、大朱印三カ所に有り、献呈墨筆《けんていぼくひつ》あり、表見返しに当時の書入れ、本文中にミスプリント訂正二語あり、後函《あとばこ》入り。ヘーゲル最初の本。イエナに移住した年に出した。

二〇一四年夏、家人宛に届いたはがきに、東京・神田の田村書店に勤めている女性が「ゲルマニスティネンの会」というドイツ文学者の会で近況報告をするという案内があった。発表の内容は、洋書は読むためのものではなく、インテリアとしてオシャレなブティックやレストランに飾られるオブジェになってしまったというものだったが、神田神保町の田村書店といえば、一階には和書が、二階には洋書が所狭しと並べられ、奥には見るからにいかめしそうな店主が客ににらみをきかせている、そんな昔気質《かたぎ》の古書店の代表格であった。

急な階段にも本がぎっしりと積み重ねられていた古書店が、震災後にも壊れずにまだ残っているのかと感心しながらも、リアル書店とは対照的なオンラインショップを見ていたところ、そこにはなんと哲学書のコーナーもあった。

とはいっても、たった一冊の本しかなかったのだが、それがたまたま、ヘーゲルが一八〇一年に出した最初の本だった。しかも、その本の商品説明にある「当時の書入れ」は、どう見ても一八〇〇年頃のヘーゲルの筆跡だった。

それというのも、一九九〇年代に四年間もドイツのヘーゲル文庫に留学していて、一七九七年から一八〇三年までのヘーゲルの自筆草稿を読んで博士論文を書いていたからわかったのだが。

念のために出品されているヘーゲルの本を取り寄せたうえで、手元にあるヘーゲルの自筆草稿の写しと比べてみると、両者の筆跡はそっくりだった。

そして本の写真を取って、かつての留学先であるドイツのボーフム大学にあるヘーゲル文庫に送って調べてもらったところ、ヴァルター・イェシュケ所長よりすぐさま、筆跡はヘーゲル自身のものであり、この本はヘーゲルが自分用に手元に置いておいたものに間違いないとの連絡を受けた。そこで、ドイツの研究機関へ寄贈することを約束して、この本を田村書店から買い取ることにしたのである。

ヘーゲルの自筆本のゆくえをまとめてみると、つぎのようになる。

一八〇一年にヘーゲルがデビュー作『差異論文』を発表すると、この本の書評が一八〇二年の『エアランゲン文芸新聞』に掲載された。ヘーゲルは書評の一部を抜粋して自著に書き写し、この『差異論文』を自家本として手元に置いていた。

一八三一年に彼が亡くなると、この本はベルリンの古書店に売り渡されたが、その後、一八九〇年からベルリンに留学していた日本人の獣医師・今泉六郎の手に渡り、一八九三年にドイツから日本へ渡っていくことになった。

書き込みのあるこの本は、一九一四年に今泉から地元の中学校に寄贈されたものの、のちに廃棄処分にされる運命をたどる。ところが、それからちょうど百年経った二〇一四年に、偶然にも東京の古書店で発見され、その本にある書き込みがヘーゲル自身のものであることが確認された。

そこで二〇一五年には、ヘーゲルの自家本であったこの『差異論文』は、ドイツへと送り返されて、ヘーゲル文庫の金庫の中に保管されることになったのである。

第二章　今泉六郎と小田原中学校

「神奈川県立第二中学校」に本を寄贈した「今泉博士」とは、明治期にドイツのベルリン高等獣医学校に留学していた今泉六郎・獣医学博士であることがわかった。陸軍獣医学校を退職して東京から小田原に移った今泉は、一九一四年（大正三年）に火災で校舎を焼失した神奈川県立小田原中学校（第二中学校の後身で、現在の小田原高等学校）に、蔵書百十八冊（和書二十八冊、漢書八十冊、洋書十冊）を寄贈していた。

今回発見されたヘーゲルの自筆書き込み本は、この今泉寄贈図書の一冊であり、廃棄処分された時期は不明だが、二〇〇〇年（平成十二年）頃に個人蔵のものが東京の古書店に買い取られ、東京洋書会に出品されたのち、神田の古書店に買い上げられたことも確認された。今泉が寄贈した図書のうち、和書と漢書は小田原高等学校同窓会に保管されているが、洋書の多くは不明である。失われた洋書の中には貴重な資料が含まれていた可能性もある。

一　今泉六郎から小田原中学校へ

今泉六郎が一九一四年（大正三年）に、火災で校舎を焼失した小田原中学校に多量の書籍を寄贈していたことは、『小田原高等学校百年の歩み』（通史編）の「地元名士から寄贈された和漢書」の項につぎのように説明されている。少し長いが大事な資料なので引用しておく。

開校以来の（小田原）駅前校舎図書室は、（一九一一年）明治四十四年十二月二十六日夜半、近くの物置小屋から出火した火災で焼失している。火元に近く、時刻も夜半、蔵書の持ち出しは絶望的であったかと推定される。三年後の、（一九一四年）大正三年三月にも火災が発生しているが、その一か月後に、地元在住の名士から多量の書籍が本校に寄贈された。『寄附物件ニ関スル書類』によれば、問題の寄附願は、小田原町十字四丁目九二四（現在小田原市南町三丁目、通称御花畑《おはなばた》）在住の従四位勲三等獣医学博士今泉六郎から大島久満《くま》次《じ》県知事あてのもの。二十二部百十八冊、見積り価格合計は五十二円十銭。教授参考用として寄附したいとのことで書籍目録として漢書の部五部八十冊（孟子解七冊など）、洋書の部十部十冊（カントの判断力批判などの原書）、国書の部七部二十八冊（土佐日記二冊など）があげられている。慶応大学大沼〔晴暉〕助教授の「目録」に「今泉獣医学博士寄贈」の書入れのある書籍が明記されていてこれを裏付ける。（『小田原高等学校百年の歩み』（通史編）三二～三三頁）

神奈川県立小田原中学校の後身である小田原高等学校には、一九一一年（明治四十四年）から一九二一年（大正十年）までの寄附をまとめた冊子『寄附物件ニ関スル書類』がある。それによると、今泉の「寄附願」（書籍目録）は一九一四年（大正三年）四月二十七日に神奈川県知事・大島久満次へ提出され、翌四月二十八日に神奈川県知事となった石原健三の「認可」が五月六日に下りて、そして翌日の五月七日に現品が「受領」されている。

小田原中学校の図書は、和綴じ本と薄い本を除いて、すべて背表紙には図書の分類ラベルが貼られ、表紙には書名が印刷されている。今泉が寄贈した和漢書はすべて「今泉博士寄贈」と手書きされ、「神奈川県立第二中学校」または「小田原高等学校」の蔵書印が押されている。

小田原高等学校同窓会の資料室には『図書原簿』の写しがあって、そこには廃棄された図書も記載されている。

段ボール箱四十六個に入っている和漢書百八冊は、『小田原高等学校百年の歩み』にあるように、大沼晴暉《はるき》によって調査がなされて、詳細な目録が作成されている。所蔵の状況を確認したところ、和漢書は一冊のみ不在であり、洋書は未整理のため目録がないが、寄贈された洋書十冊の中にヘーゲルの『差異論文』があったものと思われる。

小田原高等学校の同窓会資料室で、一九五〇－五二年（昭和二十五－二十七年）に小田原中学校の図書を整理した『図書原簿』の写しを閲覧したところ、今泉が寄贈した十冊の洋書のうち、つぎの二冊の記載が確認された。

ヴィルヘルム・ヴント『倫理学――道徳的生活の事実と規範の研究』シュトゥットガルト、エンケ書店、一八九二年。

オスカー・シュミット『進化論とダーウィン主義』ライプツィヒ、ブロックハウス社、一八八四年。

なお、ヴント『倫理学』の見返しには、日本語学者・上田萬年《かずとし》のつぎのような書き込みがあった。

〔一八九三年〕明治二十六年五月十二日今泉老兄之《ろうけいこれ》芽出度《めでたく》御帰朝《ごきちょう》越《こし》祝《しゅく》し奉《たてまつ》り候《そうろう》　獨逸國《ドイツこく》来責府《ライプツィヒ》ニ而《て》　上田萬年

上田萬年は一八九〇年から一八九四年まで、今泉六郎は一八九〇年から一八九三年までドイツに留学していたので、一八九二年に出たこの本は、当時ライプツィヒにいた上田が、ベルリンから日本に帰国する今泉に贈ったものだと思われる。

それとは別に、資料室には、『寄附物件ニ関スル書類』にはあるが、『図書原簿』には載っていない今泉の寄贈図書が一冊あった。

イマヌエル・カント『将来の形而上学への序論』第二版、ユリウス・ヘルマン・フォン・キルヒマン編、ライプツィヒ、コシュニィ書店、一八七六年。

カントの本は、前半が『将来の形而上学への序論』、後半が『判断力批判』の合本である。本のとびらには、右上に「神奈川県立第二中学校図書」の印があり、そこに紫色の「消印」が押されていて、中央に「小田原高等学校図書館蔵書」の印が押されている。

また、ヴント『倫理学』とカント『将来の形而上学への序論』には、小田原高等学校の図書カードが残されていて、後者には「受入（一九五二年）昭和二十七年七月二十三日」と記入されている。これによって、カントの本が小田原中学校から小田原高等学校に受け入れられたことを確認できる。

二　小田原中学校について

まずは、小田原中学校の略歴を確認しておこう。

小田原中学校は、一九〇一年（明治三十四年）四月一日に「神奈川県第二中学校」として、神奈川県足柄下郡《あしがらしもぐん》小田原町緑四丁目五六〇番地（現在の東海道線小田原駅）に開校している。

翌月の五月七日には、文部省令によって校名に「立」を入れることになり、「神奈川県立第二中学校」へと改称している。一九一三年（大正二年）四月一日には、今度は「神奈川県立横浜第二中学校」（現在の横浜翠嵐《すいらん》高等学校）が設置認可されることになり、「神奈川県立小田原中学校」へと二度目の改称を余儀なくされている。

ナンバースクールからネームスクールへと変わったその翌年、一九一四年（大正三年）六月二十日、小田原中学校は小田原城跡の八幡山《はちまんやま》に移転し、さらに一九四八年（昭和二十三年）四月一日には、新制高等学校の実施より、「神奈川県立小田原高等学校」と三度目の改称を経て今日にいたる。

神奈川県第二中学校、神奈川県立第二中学校、小田原中学校、小田原高等学校は、校名が異なっていても、いずれも同一の学校であり、創立百年を超える歴史と伝統のある学校である。

現在の小田原高等学校は、第二中学校時代の一九一一年（明治四十四年）十二月と、小田原中学校時代の一九一四年（大正三年）三月に、二度にわたる火災によって、校舎の一部を焼失している。このために、今泉六郎は一九一四年（大正三年）四月、神奈川県知事に書籍の寄附願を提出したものと思われる。

同年五月に県知事の許可が下り、図書百十八冊（和書二十八冊、漢書八十冊、洋書十冊）が、現在の東海道線小田原駅の地にあった小田原中学校の初代校舎で受領されている。そして六月に小田原中学校は小田原城のあった八幡山（現在の小田原市城山三丁目）の新校舎（第二代校舎）に移転している。その後、寄贈書の一部（洋書数冊）が廃棄処分にされたことはすでに見た。

ちなみに、蔵書を寄贈したときの今泉の住所は、小田原町十字四丁目九二四（現在の小田原市南町三丁目、通称御花畑）であるが、今泉はその後、小田原中学校（現在の小田原高等学校）と同じ町内の、小田原町緑四丁目六三番地（現在の小田原市城山三丁目）に転居している。

廃棄処分については、小田原高等学校と同校の同窓会で意見が分かれている。

小田原高等学校は、小田原中学校の蔵書が「小田原高等学校（昭和二十三年四月〜）に引き継がれたことを示す書類がないことから、小田原中学校時代に廃棄処分とされた」ものとする。同窓会はしかし、「旧制中学期の図書は、昭和三十五年から平成八年まで学校司書を務められた大場和子先生が、旧図書館に大切に保存してくださったものです。その後、〔小田原高等〕学校がすべて除籍しましたので、同窓会が引き取りました」という。

残された資料からは、ヘーゲルの『差異論文』が小田原中学校時代に廃棄されたのか、あるいは、小田原高等学校時代に廃棄されたのかどうかはわからない。わかるのはただ、廃棄されたヘーゲルの本には「神奈川県立第二中学校」の蔵書印が押されていること、「小田原中学校」の蔵書印も「小田原高等学校」の蔵書印も押されていないこと、「消印」が押されていないこと、「廃棄分」と手書きされていることである。

ただし、「廃」の字は旧字の「廢」ではなく新字の「廃」であるから、廃棄された年もある程度は限定できるものと思われる。新字の「廃」のもっとも早い用例は、一九二六年（大正十五年）七月に臨時国語調査会が発表した「字体整理案」であるから、小田原中学校に寄贈されたヘーゲルの『差異論文』は、それ以降に廃棄処分されたことになる。

小田原高等学校同窓会には、一九一一年（明治四十四年）から一九二一年（大正十年）までの『寄附物件ニ関スル書類』、一九四八年（昭和二十三年）に整理された『図書原簿』の写し、二〇〇五年（平成十七年）に編纂された『小田原高等学校和漢書目録』など、いくつかの資料がある。そして、小田原中学校の図書そのものは、二〇〇五年（平成十七年）に小田原高等学校がすべて廃棄したので、それ以後は同窓会が保管している。

今泉が小田原中学校に寄贈した本の一部には、「神奈川県立第二中学校」の蔵書印の上に「消印」が押され、「小田原高等学校」の蔵書印が押し直されていること、また、今泉寄贈書百十八冊のうち、百十二冊（和漢書百八冊のうち百七冊、洋書十冊のうち五冊）が小田原高等学校同窓会に保管されていることを考え合わせると、小田原中学校の蔵書の多くが小田原高等学校に引き継がれていたことは間違いないであろう。

三　今泉六郎の「寄附願」（書籍目録）

ここで、小田原中学校が作成した『寄附物件ニ関スル書類』（自明治四十五年）の中にある、今泉六郎の「寄附願」（書籍目録）を載せておく。「寄附願」（書籍目録）は、漢書と洋書と国書の三つの部に分けられており、今泉自身の手によって書名と冊数が書き込まれている。それとは別の筆跡で、おそらくは学校書記・高橋源九郎の手によって、書名の下に見積価格と末尾に但し書きが書き添えられている。

寄附願（書籍目録）

漢書之部

一　孟子《もうし》解《かい》　七冊　此見積価格金七拾銭

二　二《に》程全書《ていぜんしよ》　廿《にじゆう》冊　此見積価格金五円

三　八家《はつか》文法明弁《ぶんぽうめいべん》　八冊　此見積価格金弐円

四　経伝釈詞《けいでんしゃくし》　此見積価格金壱円　五冊

五　康熙字典《こうきじてん》　此見積価格金拾弐円　四十冊

計　五部八十冊

洋書之部

一　Kant, Prolegomena und Kritik der Urteilskraft　此見積価格金壱円五拾銭

二　Wundt, Ethik　此見積価格金七円五拾銭

三　Hegel, Differenz des Fichte'schen und Schelling'schen Systems der Philosophie　此見積価格金弐円

四　Herder, Propyläen der Geschichte der Menschheit　此見積価格金壱円

五　Kirchner, Geschichte der Philosophie　此見積価格金弐円五拾銭

六　Hume, Untersuchung des menschlichen Verstandes　此見積価格金弐円

七　Stewart, Erhaltung der Energie　此見積価格金弐円

八　Clausius, Wärmetheorie　此見積価格金参円

九　Schmidt, Deszendenzlehre　此見積価格金参円五拾銭

十　Raschig, Selbsterkenntnis　此見積価格金壱円五拾銭

計　十部十冊

国書之部

一　土佐日記　此見積価格金参拾銭　二冊

二　すけかさ日記〔菅笠《すがかさ》日記〕　此見積価格金参拾銭　二冊

三　落くほ物語　此見積価格金参拾銭　二冊

四　唐《から》物語　此見積価格金弐拾銭　一冊

五　良山堂茶話《りょうざんどうさわ》　此見積価格金参拾銭　二冊

六　藩翰譜《はんかんふ》　此見積価格金参円　十七冊

七　東照公遺《とうしょうこうい》訓並《くんならびに》補遺《ほい》　此見積価格金五拾銭　二冊

計　七部二十八冊

合計　廿二部　百十八冊　見積価格合計五拾弐円拾銭

小田原町十字四丁目九二四

従四位勲三等獣医学博士今泉六郎（花押《かおう》）
右之通《みぎこのとおり》　神奈川県立小田原中学校へ教授参考用トシテ寄附《きふ》致度候《いたしたくそうろう》
間御《あいだご》受理《じゅり》相成度此段相願候也《ありなりたくこのだんあいねがいそうろうなり》
大正三年四月二十七日
神奈川県知事大島久満次殿

以上が、一九一四年（大正三年）四月二十七日に今泉が神奈川県知事・大島久満次に提出した「寄附願」（書籍目録）である。実際には、小田原中学校に提出されて校内で処理された書類ではあるが、形式上は、県立学校であるため県知事名で処理されたことになっている。

また、洋書目録にあるドイツ語はところどころで省略されているが、省略された文字が鉛筆書きで正しく補われているところを見ると、おそらくは学校書記または図書館司書など、ドイツ語のできる人物がのちに書き込んだものと思われる。

あわせて、神奈川県立小田原中学校の名まえが入った原稿用紙には、洋書十冊の著者名と書名が鉛筆で、やや古風な読み方ではあるが、ほぼ正確にカタカナでつぎのように書かれている。

一　カント、プロレゴメナ　ウント　クリチック　デル　ウルタイル〔ス〕クラフト
二　ヴント、エチック
三　ヘイゲル、デイフエレンツ　デル　フヰヒト　ウント　シエリング　システイム　デル　フヰロソフイ
四　ヘルデル、フロピイレン　デル　ゲシヒテ　デル　メンシユハイト
五　キルヒネル、ゲシヒテ　デル　フヰロソフイ
六　ヒユーメ、ウンテルズツフング　デル　メンシユリヘン　フエルスタンデス
七　シエヴアルト、エアハルトング　デル　エネルギイ
八　クラウシウス、ヴエルメテオリー
九　シユミツト、デツセンデンツレーレ
十　ラシック、ゼルブストエアケントニス

ドイツ語の本をカタカナ読みにした原稿用紙とは別に、一九一四年（大正三年）四月二十七日付けの今泉の「寄附願」（書籍目録）に対して、同年五月六日に神奈川県知事・石原健三の認可が下り、翌日の五月七日に現品が受領されたとの記録が、書記・高橋源九郎の手によって

「庶発第五六号」（案）に残されている。
『寄附物件ニ関スル書類』（自明治四十五年）によれば、価格が十円未満の寄付物件については処理後に県知事宛に報告することになっていたので、小田原中学校校長の阿部宗孝《あべむねたか》がみずからの職権でこれを処理して、神奈川県知事・石原健三宛につぎのように「開申《かいしん》」したものである。

大正三年五月七日
校長　阿部〔宗孝〕（印）　書記　高橋〔源九郎〕（印）
開申
　年　月　日　校長名
知事　宛
寄附物件ニ関スル件
足柄下郡小田原町住従四位勲三等獣医学博士今泉六郎ヨリ教育参考品トシテ孟子解外弐拾壱部本校へ寄附願出昨〔大正三年五月〕六日附神奈川県指令内県第三八八三号ヲ以テ御認可《ごにんか》相成《あいなり》候《そうろう》処《ところ》現品《げんぴん》受領《じゆりよう》致《いたし》候《そうろう》也《なり》

「写」として同文がつぎのように付けられている。

神奈川県指令内県第三八八三号
足柄下郡小田原町十字四丁目九百弐拾四番地
獣医学博士今泉六郎
大正三年四月弐拾七日付願神奈川県立小田原中学校へ孟子解外弐拾壱部寄附ノ件認可ス
大正三年五月六日
神奈川県知事　石原健三　印
5月7日受第78号

以上が、『寄附物件ニ関スル書類』の中にある今泉の寄附願と県知事の認可証である。なお、今泉が小田原中学校に寄贈した図書の部数は、今泉の寄附願には「廿二部《にじゅうに》　百十八冊」と書かれているが、小田原中学校の認可証では「弐拾壱部《にじゅういち》」となっている。漢書が五部八十冊、洋書が十部十冊、国書が七部二十八冊だから、合計は二十一部ではなく二十二部となり、全百十八冊となるはずであるが。

ちなみに、今泉が小田原中学校に寄贈した図書は、生徒用ではなく、「寄附願」（書籍目録）にあるように、「教授参考用」の「教育参考品」である。つまり、教員用の参考図書として受領されたものである。

小田原中学校では、一九〇五年（明治三十八年）から一九三九年（昭和十四年）まで、外国人教諭が英語の授業を行っていた。しかし、今泉が寄贈した洋書はすべてドイツ語であり、小田原中学校ではドイツ語の授業もなくドイツ人の教員もいなかった。

ただし、第二次大戦後の一九四九年には、新制の小田原高等学校に英語クラブのほかに、ドイツ語とフランス語のクラブが生まれ、一九五四年（昭和二十九年）まで存続したドイツ語クラブでは、文化祭や発表会でドイツ語の演説がなされていたという。

まとめてみると、今泉六郎が小田原中学校に寄贈したドイツ語の本十冊のうち、五冊（一、二、五、八、九）は現在も小田原高等学校同窓会に保管されていて、四冊（四、六、七、十）は所蔵が不明で、一冊（三）は廃棄処分にされたのち、個人の手を経て古書店に渡ったといえる。

この一冊が、今泉が書いた「寄附願」（書籍目録）の中の、洋書の部の三番目にあるヘーゲル『差異論文』である。

第三章　今泉六郎と会津図書館

今泉六郎は、小田原中学校へ図書を寄贈するのに先立って、すでに一九〇三年（明治三十六年）に蔵書二百四十七冊（和漢書二百十一冊、洋書三十六冊）を故郷の会津図書館に寄贈していた。寄贈図書を調査したところ、その中にはドイツの哲学者カント、ヘルダー、ローゼンクランツなどの初版本が多数あった。ヤコービの『デイビッド・ヒューム』には数頁《ページ》の書き込みがあって、内容的にもたいへん興味深い。

一　ヤコービについて

今泉六郎が会津図書館に寄贈した本の中に、書き込みのある本が一冊だけある。それは、ヤコービの『デイビッド・ヒュームの信念について――観念論と実在論』（一七八七年の初版本）であり、本の見返しなどに五頁分の書き込みがあった。だれが書き込んだのかはわからないが、筆跡からすると著者のヤコービではなく、それ以外の者であって、しかも異なる二名ではないかと思われる。

ヤコービは、ドイツではとても有名なのだが、日本ではそれほど知られていないので、最初にドイツの哲学者・ヤコービの略歴を確認しておこう。

フリードリヒ・ハインリヒ・ヤコービは、一七四三年一月二十五日、ドイツ西部の都市デュッセルドルフに生まれ、一七六四年に父の家業を継いで砂糖製造所長となるものの、一七六五年にはフリーメーソンの会員になり、一七七二年にはユーリヒ＝ベルク公国の宮廷メンバーとなる。翌年の一七七三年に文芸雑誌『ドイツ・メルクール』の編集者となり、一七七九年にはミュンヘンの枢密顧問官となる。

一七八五年にヤコービは、メンデルスゾーン宛に書かれた『スピノザの教説に関する書簡』によって一躍有名になり、ヘーゲルもこの書を読んで、「一にして全」という汎神論の思想に触れて大いに共感している。一七八七年には、くだんの『デイビッド・ヒューム』を発表している。その後、一八〇四年にバイエルン学士院の会員となり、一八〇七年にはバイエルン学士の院長にまで上り詰めるが、一八一九年三月十九日にミュンヘンで亡くなる。享年七十六歳であった。

ヤコービは終生、ヘーゲルのような体系的な哲学を嫌って、神や絶対的なものは概念の媒介によって認識されるのではなく、感情や信仰によって直接的にとらえられるとした。

二　ヤコービの『デイビッド・ヒューム』

資料として、今泉がドイツから持ち帰り会津図書館に寄贈したヤコービの『デイビッド・ヒューム』を載せておく（写真7、8、9）。

写真のつぎに書き込み箇所を転写しているが、見返しには会津図書館の所蔵シールが貼られており、おそらくは所有者の名まえが書き込まれていたため、角が切り取られている（写真7）。このために判読できない文字が多く、読めない箇所は［…］で示してある。判読できる箇所のみを転写して日本語に翻訳しておく。

なお、きき紙に、おそらくは図書館員の手で「ダツビツドヒューム著　実在論」と書き込ま

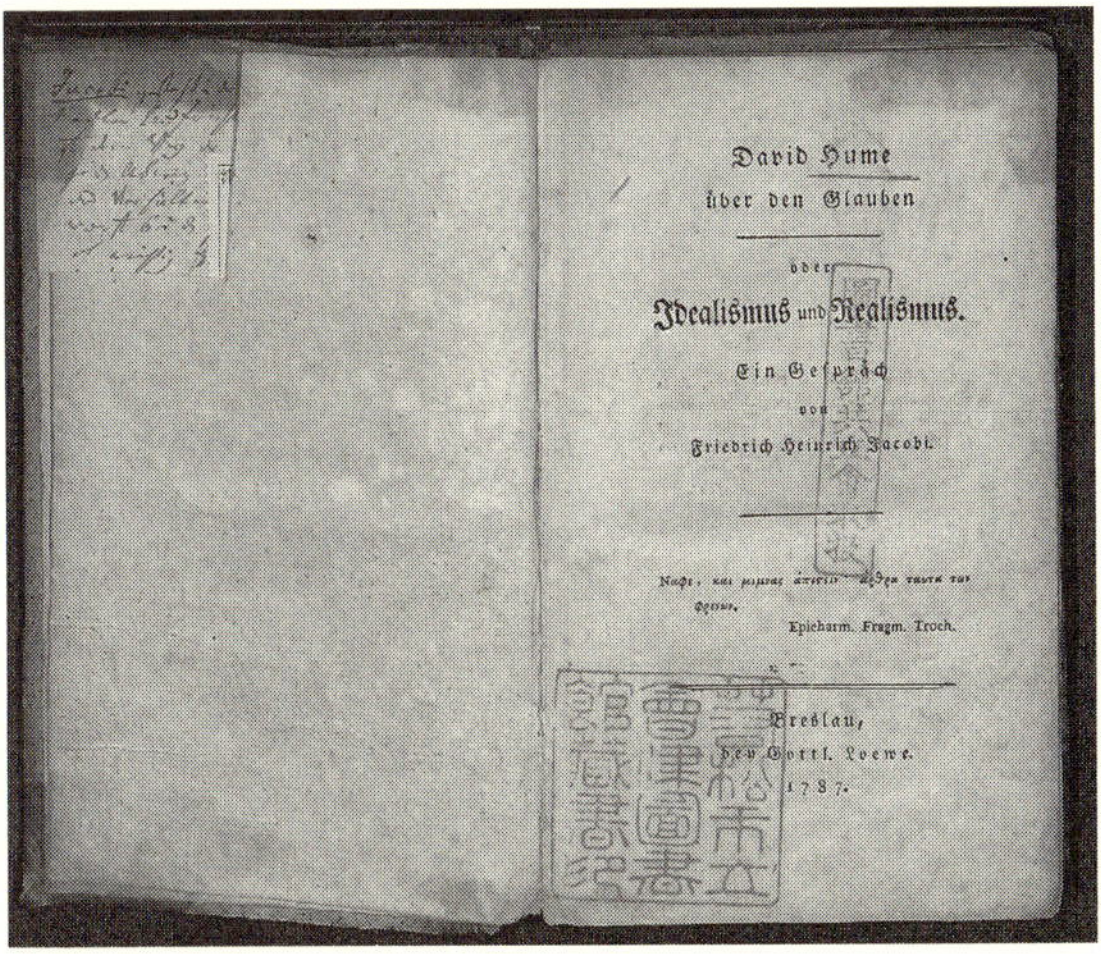

写真７　ヤコービ『デイビッド・ヒューム』の扉（会津若松市立会津図書館所蔵）

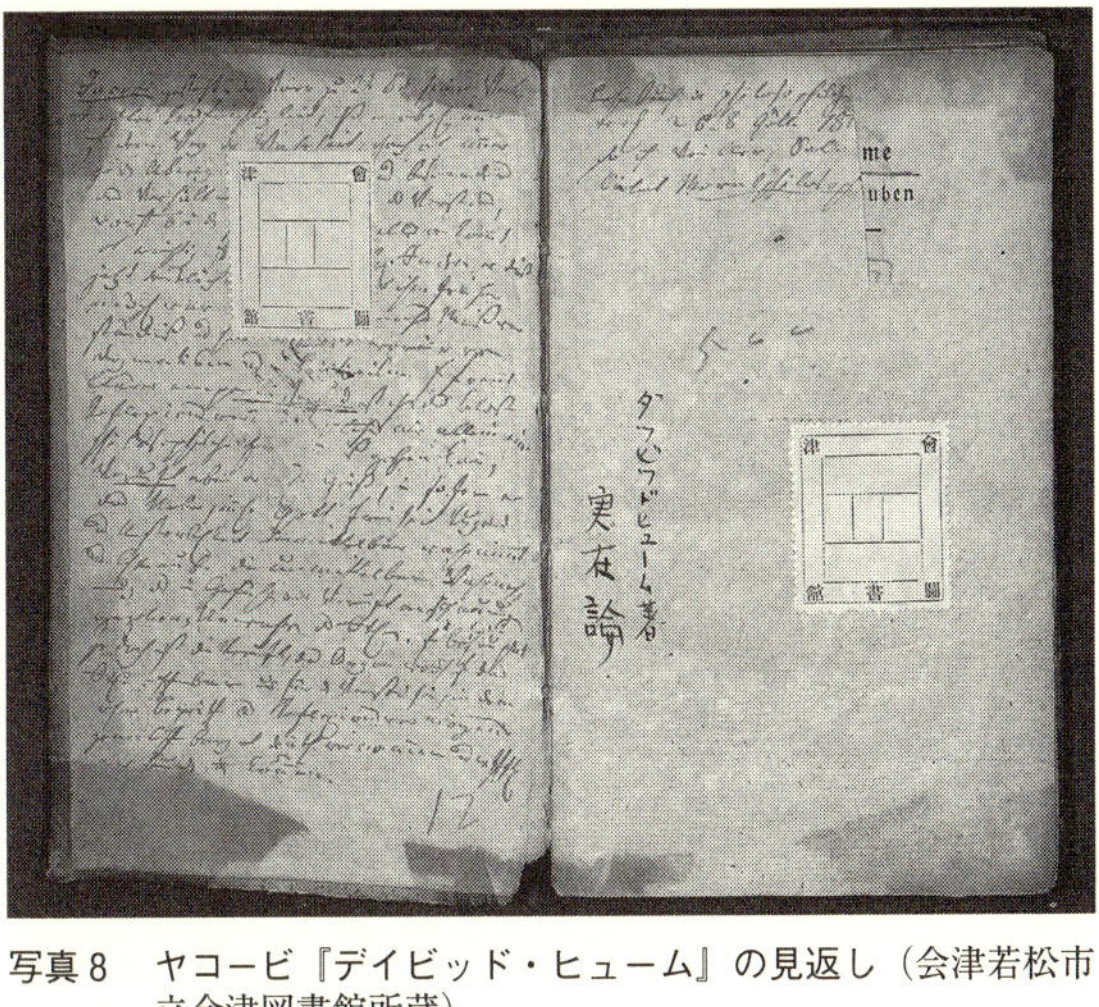

写真８　ヤコービ『デイビッド・ヒューム』の見返し（会津若松市立会津図書館所蔵）

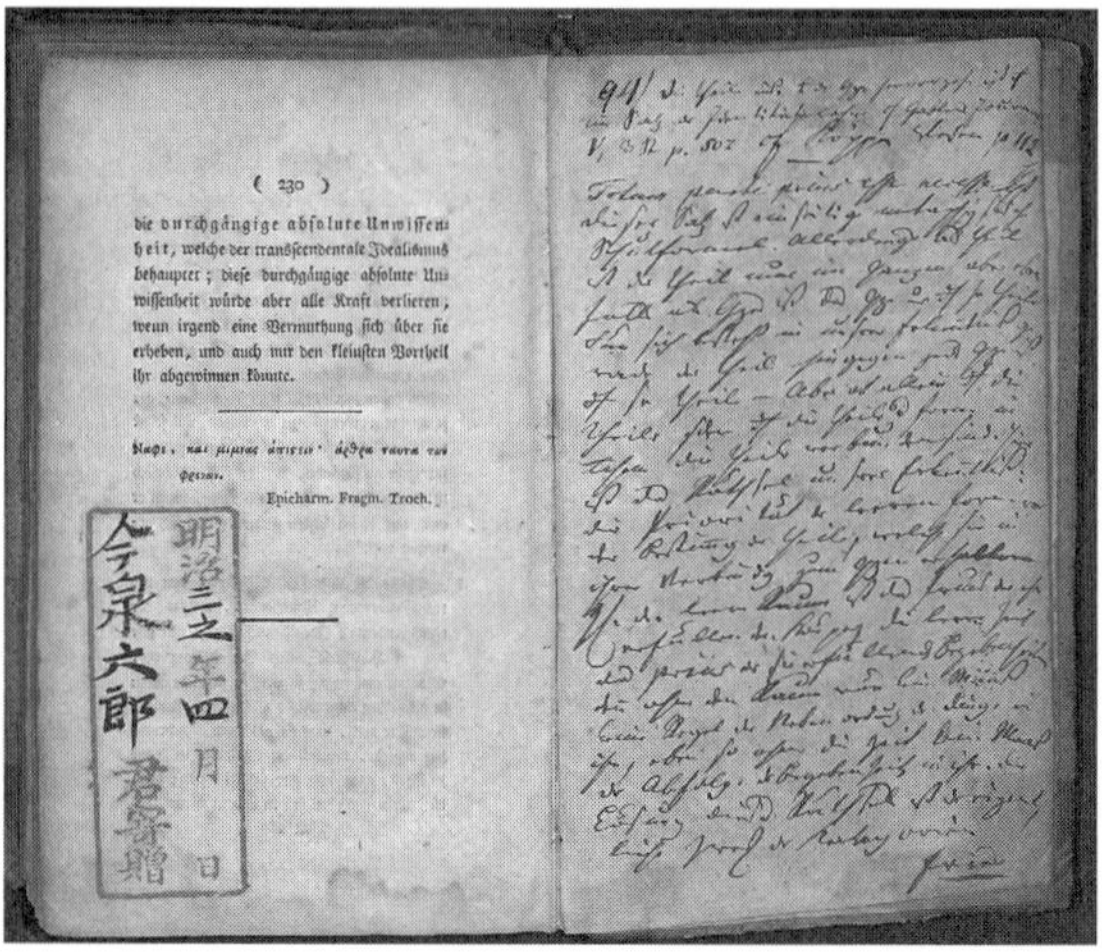
(230)

die durchgängige absolute Unwissenheit, welche der transscendentale Idealismus behauptet; diese durchgängige absolute Unwissenheit würde aber alle Kraft verlieren, wenn irgend eine Vermuthung sich über sie erheben, und auch nur den kleinsten Vortheil ihr abgewinnen könnte.

Epicharm. Fragm. Troch.

写真9　ヤコービ『デイビッド・ヒューム』にある寄贈印（会津若松市立会津図書館所蔵）

れているが（写真8）、これは書名を著者と勘違いしたもので、正しくは、著者が「フリードリヒ・ヤコービ」で、書名が『デイビッド・ヒュームの信念について、あるいは、観念論と実在論について』である。

【二〇六－二〇七頁】

Gertrud II 376
No 4 Gott hat s[ich] den Menschen
verborgen u[nd] die
Geheimisse der Zukunft in u[n]d
[urch]dringl[iche] Schatten gelegt
damit der Raupe in ihrer Hülle wohl
sei. Er hat d[ie]
Menschen geschaff[en], daß er G[ott]

n[ich]t erkennen mag
niemand hat G[ott] jemal[s] erkannt. Der Nebel der um
uns ist, ist von ihm s[elbst] u[nd] Seegen unserer Natur, wenn
wir darin ruhen. Wir verheeren unser Inner[es]
wenn wir d[en] Schatten entweichen wollen

〔ペスタロッチ『リーンハルトと〕ゲルトルート』第二部、三七六頁。

四　神は人間を覆い隠して、

未来の秘密が人間には見えないようにしている。
だからこそ殻のなかにいる幼虫は安全なのだ。神が
人間をつくったのであり、人間は神を見ることはできない。
だれも神を見たことはなく、一度も見たことはない。私たちを取り巻く霧が
神なのだ。神が私たちの自然の恵みであるのは、
私たちが自然のなかにとどまるときだ。私たちの内部を破壊してしまうのは、
私たちがこの覆いから逃れようとするときだ。

【二三〇－二三一頁】

「明治三六年四月　日　今泉六郎君寄贈」

94/ die theile aus [...] d [...] hervorgehen ist [...]
ein Satz der Identitätenlehre cf Gableus Journal
V, 3 St p. 507 cf Köppe We[...] p 112

Totum parte prius esse necesse est
dieser Satz ist einseitig[e] metaphysisch[e]
Schulformel. Allerdings als theil
ist der Theil uns im Ganzen, aber eben-
falls als G[an]ze[s] ist das G[an]ze uns d[ur]ch s[eine] theile
Für sich besteht in unsere[r] Erkenntniß ge-
rade der theil hingegen jedes G[an]z ist

d[ur]ch s[einen] theil - aber n[ich]t allein d[ur]ch die
theile s[on]dern d[ur]ch die theile u[nd] form in
welchem die theile verbunden sind. Hier
ist das Räthsel unserer Erkenntniß:
die Priorität der leeren form, vor
der Bestimmung der theile, welche sie in
ihrer Verbind[un]g zum G[an]zen erhalten
Z.B. der leer[e] Raum ist der Prius der ihn
erfüllenden Körper die leere Zeit
der prius der sie erfüllend[en] Begebenheiten
denn ohne den Raum wäre kein Maaß
Keine Regel der Nebenordnung der Dinge in
ihm, eben so ohne die Zeit kein Maaß
der Abfolge der Begebenheit[en] in ihr. Die
Lösung dieses Räthsel ist der eigent-

liche Zweck der Kategorien.
Fries

九四頁。部分が全体から生じるのは、
同一律の命題である。ガブロイスの雑誌を参照、
第五巻、三、五〇七頁。ケッペの作品を参照、一一二頁。

〔フリース『ドイツ哲学について』ハイデルベルク、一八一二年、四〇頁〕
全体は部分に先行しなければならない。
この文章は学校で習う一面的で形而上学的な
公式である。とはいっても、部分は
全体のなかでのみ部分であるが、しかしまさに
同様に全体でもある。全体は部分によってのみある。
部分はまさにそれだけで私たちの認識のなかにあり、
それに対してどの全体も部分によってのみある。

しかし、部分だけではなく、
部分と形式によって、
そのなかで部分は結びついている。ここに
私たちの認識の謎がある。すなわち、
空虚な形式が部分の規定に先立っており、
部分は空虚な形式を
全体への結合において持っている。
たとえば、空虚な空間がそこでは空間を満たす
最初の物体であり、空虚な時間はそこでは
時間を満たす最初の出来事である。
というのも空間がなければいかなる基準もないのだから、
空間には事物の関係のいかなる規則もない。
同様に、時間がなければ、
時間には出来事の順序のいかなる基準もない。
この謎の解決は

カテゴリー論の本来の目的である。
フリース

三　会津図書館について

ここで、今泉六郎が蔵書を寄贈した会津図書館について触れておこう。一九一〇年（明治四十三年）二月十日に作成された『若松市立会津図書館一覧』によれば、一九〇〇年（明治三十三年）五月十日に、皇太子嘉仁《よしひと》親王（のちの大正天皇）の結婚を記念して、「会津図書館共立会」が設立されている。

これに、会津出身の有力者三名、東京帝国大学の初代総長を務めた教育学者・山川健次郎、東海散士《さんし》の名で小説を書いた政治家・柴四朗、そして陸軍獣医学校の教官をしていた今泉六郎らが協力することになる。

図書館の建物は、「会津漆園《しつえん》会」という旧会津藩士を中心とした物産会から建設のための費用が提供され、一九〇三年（明治三十六年）十月に竣工して若松市に寄付され、一九〇五年（明治三十七年）二月十一日に開館している。

図書館の蔵書は、地元および在京の関係者からの寄贈本と委託本が基礎となっている。『若松市立会津図書館一覧』には、寄贈者の氏名と寄贈冊数が記入されていて、一九〇九年（明治四十二年）十二月末の蔵書数は合計で一万四百二十七冊であり、そのうち寄贈書が九千二百冊、委託書が一千二百二十七冊であり、洋書は六百九十九冊である。

寄贈書でもっとも多いのが、柴四朗の七百九十冊である。柴の寄贈図書を調査した上野格《いたる》によれば、柴が寄贈した洋書の多くは実は同志社で使っていた英語の教科書であり、柴四朗本人や兄の五三郎、弟の五郎らが持ち寄ったものである。図書が利用された形跡はないものの、使い古しの教科書を並べて図書館を開館した彼らの熱意が伝わってくるという。柴四朗寄贈図書（洋書）目録が、上野格「東海散士（柴四朗）の蔵書——明治初期経済学導入史の一駒」（『成城大学経済研究』第六十四号、一九七九年）に載っている。

寄贈書で二番目に多いのが、森川新五郎の三百二十九冊であり、三番目に多いのが今泉六郎の二百四十七冊である。

今泉が一九〇三年（明治三十六年）四月に蔵書二百四十七冊（うち洋書三十六冊）を会津図書館に寄贈しているのが、『若松市立会津図書館一覧』の寄贈者氏名「今泉六郎　二百四十七」によって確認できる。一覧にある規則第二十一条によれば、図書を寄贈しようとする者は、寄付申込書に書名、数量、価格、住所、族籍、氏名を詳しく書き、図書といっしょに図書館に送り、図書館長の承認を受けるようになっていた。

会津図書館に保管されている『図書原簿』と『若松市立会津図書館一覧』を照らし合わせてみると、今泉が会津図書館に寄贈した洋書は全部で三十六点になる（巻末「資料」の三）。そのうち所蔵が確認できたものは三十二点、紛失のために除籍されたものが一点、不明のものが三点ある。

なお、書誌データは会津図書館のホームページからキーワード「今泉六郎」で検索できる。会津図書館に所蔵されている寄贈図書は一冊ずつ封筒に収められていて、大切に扱われてきたのがよくわかる。

また、寄贈図書にはそれぞれ鉛筆で数字が書き込まれていて、この数字は会津図書館に保管されている『図書原簿』の価額と一致している。たとえば、今泉が寄贈したカントの『人倫の形而上学の基礎づけ』には「一〇〇〇」と書き込まれていて、これは『図書原簿』にある「一円」と一致している。ヤコービの『デイビッド・ヒューム』には「五〇〇」と書き込まれていて、『図書原簿』では「五十銭」になる。

単純に計算すると、当時の一円は今の二万円に相当するので、カントの本が二万円、ヤコービの本が一万円になる。もちろんどちらも十八世紀の初版本なので、古書市場ではその数十倍になる。ちなみに、カントやヤコービの初版本を所蔵している図書館は、日本ではもちろん世

写真10　『純正畜産学講話』の表紙

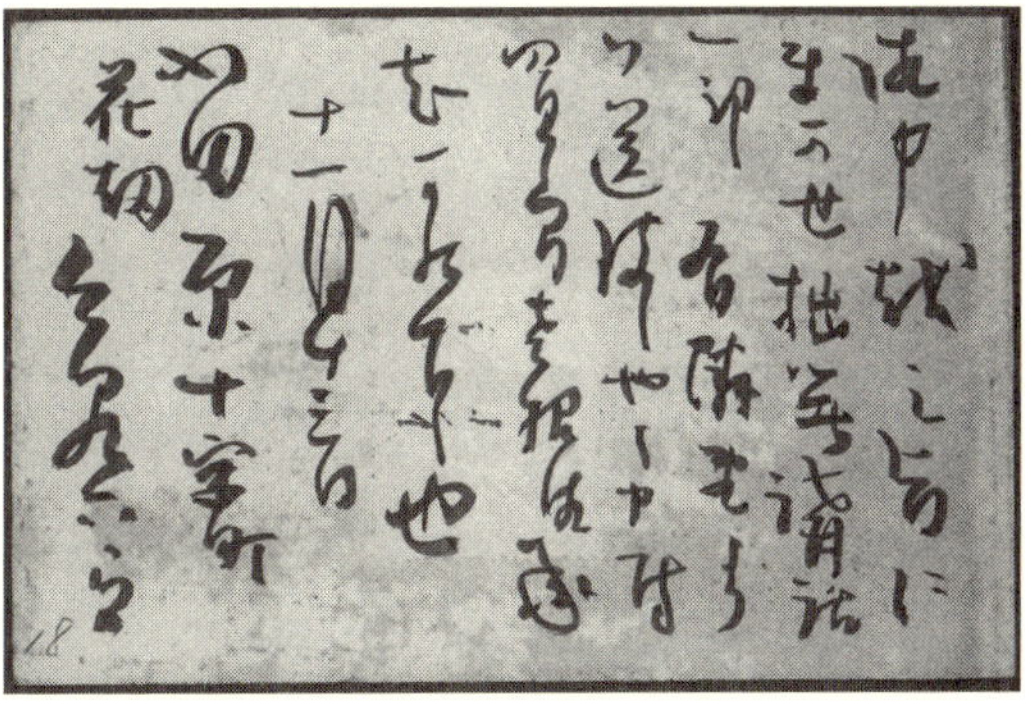
写真11　今泉六郎から会津図書館長へのはがき（会津若松市立会津図書館所蔵）

界でもそれほど多くはない。

さらに、つい最近わかったことだが、今泉六郎の会津図書館への寄贈図書には、洋書三十六冊とは別に、自著一冊（『純正畜産学講話』有隣堂、一九一一年）（写真10）があり、この本の見返しには今泉から図書館長の小川謙三に宛てたはがき（写真11）が貼られていた。消印は一九一一年（明治四十四年）十一月十三日の小田原郵便局のもので、当時の館長事務取扱であった小川謙三へ自著の送付を知らせる内容である。はがきの文面はつぎのとおり。

御《お》申越之旨《もうしこしのむね》にまかせ拙著講話一部　有隣堂《ゆうりんどう》より御《ご》送致候《そうちそうろう》やう申　付置候《もうしつけおきそうろう》間《あいだ》　左様御承知《さようごしょうち》可《くだ》
被下候　也《さるべくそうろうなり》　十一月十三日　小田原十字町花畑　今泉六郎

ではつぎに、陸軍獣医を務めていた今泉六郎の自伝を見ておこう。

第四章　今泉六郎の自伝

今泉六郎は、陸軍獣医会の雑誌『陸軍獣医事』第百号臨時増刊（一九〇七年十一月）に、「余が半生の境遇」と題する自伝を載せている。

原文は『平家物語』の冒頭部を思い起こさせるような格調の高い文章だが、漢文調のゆえかなり難解なものである。以下に、そのほぼ全文をやさしい現代語に翻訳してみた。

私の半生

今泉六郎

一　『陸軍獣医事』について

『陸軍獣医事』が刊行されから、すでに百号になった。創刊号が出たのは、私が獣医として陸軍に勤めていたときだった。発刊に際して私はつぎのように書いた。

月日が流れてすべてのものが変わっていく。似ているといっても必ずしも同じものではない。新しいといっても、結局のところは見た目の違いでしかない。『陸軍獣医志叢』のあとを受けて二年半、このたび『陸軍獣医事』が発行された。名まえは異なっているけれども、中身のほうは異なっていようか。知識を交流して、技術を伝達するだけだ。ただ事の流れを止めて、どのようになっているのかを顧みるのみ。

今では軍備が大いに拡張して、陸軍獣医部が扱う領域も、昔とは比べられないほど大きくなった。先輩たちは知識を深め、後輩たちは知識を推し進めていく。とはいっても、りっぱな意見は秘蔵されて、すぐれた論説も狭い世界に隠れたままである。その数もまた多い。

しばらくは十二の部門（一、病論、二、治験、三、薬論、四、手術、五、診断、六、衛生、七、外貌、八、造畜、九、蹄鉄、十、雑録、十一、通信、十二、統計）に分けて並べただけだった。しかし幸いにして新しい規約が採用されたので、これを巻頭に書き記して『陸軍獣医事』の序言とすることにした。

明治二十九年末

陸軍獣医監　今泉六郎

『陸軍獣医事』の発刊の目的はこのようなものだった。『陸軍獣医事』という名まえも、もっぱら陸軍における獣医業務の手順をはっきりとして、獣医に関わる物事のありようや成り行きを明らかにして、その本来の姿を表現するためだった。

それから月に一回の刊行として、本誌を欠かさず発行してきたが、第八十五号にいたって明治三十七、八年の日露戦争が起こり、一時的に発行を中止した。これも当時の世界情勢のためであって仕方がなかった。しかし、平和になるとただちに再刊を図り、第八十六号から日露戦争前の事業を継続した。そのとき私は陸軍獣医会の会頭だったので、創刊号につぎのように書いた。

私たちは医学を学んで論文を書き、獣医としての腕を磨いてきた。軍馬の衛生に努めて本領を発揮し、平時に勝るよい成績を上げてきた。けれども、翻って科学が進歩して到達した境地を考え、軍事の将来を考えるとき、落ち着いて備え、猛然として奮《ふる》わないことがあるだろうか。新しい知識を広め、古くからの知識を練り、知識をつねに自他互いに交流していく。そして、さらに発展していくことを期待しつつ、その具体化の必要も見据えてきた。

先日、日露戦争の凱旋《がいせん》大観兵式という盛大な行事があった。そのとき陸軍獣医会の大会も開かれて、決められたことも多い。『陸軍獣医事』刊行もその一つである。今月からこれを日露戦争前における事業に継続し、毎月一号ずつ会員に配布して、研究に役立てることとした。皆の協力を期待している。

以上が『陸軍獣医事』創刊号への序言である。本誌は、その名まえからしても、獣医団体に関係があるのは明らかである。そこでここでは、『陸軍獣医事』第百号の発行を祝うにあたって、少しだけ陸軍獣医部の沿革を叙述しておきたい。あわせてこの機会に、私・今泉六郎がみずからの境遇を述べておくのも意義のあることだと思う。

二　陸軍馬医学舎への入学

私が陸軍馬医生徒となって陸軍に入ったのは明治八年のことだった。今から実に三十二年前のことである。当時は、軍馬衛生の中枢として陸軍病馬院があった。一橋の今の近衛騎兵連隊所在地に置かれ、その中に陸軍馬医を養成するための馬医学舎があった。フランスから招かれた獣医学教師アウギュスト・アンゴーが教鞭をとり、当時の軍医総監だった松本順《まつもとじゅん》が馬医監を兼務して教育にあたっていた。そうしたなか私といっしょに入学した生徒は十名だった。

三　陸軍馬医教育の始まり

もっとも、学生の入学はこれが最初ではなかった。明治維新以来、軍政が緒につくと馬医制度も起こり、明治三年六月には馬医生徒も生まれて、馬医学を学ぶことができた。また、大阪陸軍病院に民間の馬医を集めて教えたこともあった。これが陸軍における獣医教育の始まりである。

明治三年十月には大阪陸軍病院付きの藩医が馬医を兼ね、翌年には馬医生徒が受け入れられた。東京では馬医を任命して部隊付きにしていたけれども、馬医制度としては見るべきものはなかった。当時、馬医を管轄していたのは軍医寮で、軍医寮は久保田訥次郎《くぼたとつじろう》を寮馬医として運営していた。

明治五年一月、久保田成美が二等軍医副に任命され、陸軍省厩舎《きゅうしゃ》付けとなって馬医に関わるすべてを司るようになった。そしてこの年から軍馬売買には必ず馬医を立ち会わせることとした。

明治五年八月、静岡県士族の深谷《ふかや》周三《しゅうぞう》が上等馬医に任命され、軍医寮において事務を司ることとなった。これによって馬医制度はようやく整った。明治六年三月になって兵学寮で馬医生徒の募集があり、十五名の生徒が誕生した。

四　馬医生徒の教育

馬医生徒の教育では、初歩の課程は概して修養に属していて、一つ二つの翻訳書を調べて研究したにすぎない。けれども、獣医学を科学的に実践したのはこのときがはじめてだった。教育にあたったのは深谷周三であり、所定の科目はつぎのとおりであった。

一、馬医に関する一般馬学、相馬《そうま》年齢〔馬の形相を見て、その良否を鑑定する〕
二、解剖学
三、馬《ば》身窮理《しんきゅうり》

四、化学
五、薬剤学
六、治療学

教科書は、相馬略、化学入門、化学要論、馬療新論、馬療叢説、馬療掠的《りょうてき》など。その他に、数学と乗馬術を教えた。

五　馬医部の官等（官職の等級）

明治六年五月、陸海軍武官の官等表の制定があった。馬医部の官等はつぎのように定められた。

六等	上長官	馬医正
七等	上長官	馬医一等・二等
八等	士官	馬医副一等・二等
九等	士官	馬医補

明治六年六月、兵学寮より馬医教師雇い入れの申請があった。

兵学寮第二舎は、馬一般の学問と馬医生徒の教育を専門に行う学校であり、すでに馬医生徒十五名が入学していたけれど、馬医学は陸軍の中で技術がもっとも遅れた分野であった。日本では西洋馬医学を学んだものがなく、従来の日本流の馬医は実用性が低くて進歩が期待できないし、生徒が学業を成し遂げるという目的も立てられなかった。そこで教師を海外から招くことにして、新たにフランスより陸軍獣医を雇い入れることになった。

六　フランスから陸軍獣医を招く

フランスから陸軍獣医を雇い入れるというのは、深谷周三の立案によるものだったので、軍医局もこれに耳を傾けてくれた。明治六年九月、松本順より病馬院設置の申請があった。

馬医部はしばらくは軍医部の管轄にあって、病馬厩の設置もまだなされなかった。軍馬の数が増加していき、もし営内において悪性の伝染病や死馬が出ると、当然のことながら人にも影響が及ぶから、病馬厩が欠かせない。したがって、しかるべきところに病馬院を設置し、重病の馬はもちろん、病気の馬も同様に探し出して治療することにした。部隊に属している馬医が日々の診療にあたれば、それもまた研究の一端となるだろう。そういうことで明治七年二月、馬医生徒を馬医部の管轄とした。

七　西洋の科学的獣医学が伝わる

明治七年四月、フランス陸軍二等獣医アウギュスト・アンゴーが来日した。生徒には解剖学を教え、実習を行い、馬医官には病理学を教え、病床講義を開く。ときには郊外で植物を採集し、馬草《まぐさ》の研究をする。

この年は、アンゴーが日本の陸軍で授業を始めただけではなく、西洋の科学的獣医学が東洋に伝わってきた記念すべき年である。

明治七年十一月、馬医部の官等の改正があり、つぎのように定められた。

六等	上長官	馬医監
七等	士官	馬医一等・二等
八等		馬医副一等・二等
九等		馬医補
十等		
十一等	下士	一等馬医生
十二等		二等馬医生
十三等		三等馬医生

八　陸軍病馬院の設置

明治八年二月、陸軍病馬院が設置される。馬医監の松本順が院長を兼務して、馬医部を統轄する。馬医部は陸軍病院の管轄をはじめて脱し、陸軍省の直属となった。要員補充の必要があって、さらに馬医生徒を募集した。

九　第二期馬医生徒の募集

私が十五歳のとき、第二期馬医生徒の募集があった。そのとき私は、旧会津藩の藩士の息子だったので、故郷を離れて苦労していた。頼るべき父兄もなく、寄り添う縁故もいなかった。辛酸をなめながら、わずかに読書ができ算数ができるにすぎなかった。

入学試験を受けたのは明治八年六月だったが、応募者は百名以上もいた。なかには京都フランス学校の出身でフランス語ができるものもいた。私のように浅学で未熟な貧乏生徒が選ばれるとは思いもしなかった。

それから指示を待つこと長く、ようやく九月下旬になってはじめて入学通知が来た。あとから聞くと、この二か月は夏期休暇のために遅れていたのであって、とくに意味があるわけではなかった。入学通知が来るのを待ち焦がれていたのは私だけではなく、フランス学校出身者の中には、このために他校に転じたものもいたという。人の世の幸不幸とはわからないものだ。

同期の入学生で、飛び抜けた才能を持っていたのはフランス学校出身の黒瀬《くろせ》貞次《ていじ》だった。明治二十年に黒瀬貞次がフランスで最新の学問を学んで帰国すると、馬医学舎で深谷周三を助けて教育を担当し、事務の顧問となりながら、他方では馬政の機関に参加して、乗馬学校の創設にも貢献した。馬医に関わる研究はまさに黒瀬貞次の双肩にかかっていた。

十　陸軍馬医学舎での生活

ところで、馬医学舎には、講堂、食堂、自習室、教官と事務員の三部屋を含む一棟の建物があり、それとは別に解剖室があった。生徒の寝室は旧一橋家の表長屋にあって、当時は病馬院の事務室の階上で四部屋に分かれていた。同室者は自習室でもまた同じ机を囲んでいたので、互いに親しくなった。

室長の西川信《にしかわしん》は学校や学問に詳しく、世情によく通じており、いろいろなことを教えてくれた。陸軍の制度や私たちの将来のことなども、西川信の説明によってようやく知ることができ、世間のありようもわかってきた。私たちの待遇は下士生徒に準じていて、四年の修学を終えると、三等馬医生（伍長）に任用されることになっていた。

しかし私たちの志望の動機は、決してこのような出世のためではなかった。ある者は、みずからを犠牲にして軍馬の保衛にあたり、軍事と国家経済に貢献して任務をまっとうする、高い志と理想を持っていた。ある者は、利害得失を顧みず、評判にもこだわらず、もっぱら西洋の最新の学理を研究して、日本の未曽有《みぞう》の技術を習得するのを命としていた哲人もいた。

ところがその他の大勢は、直接外国人に教えてもらうことを希望して、官費で専門教育を受けることができるという単純な約束に誘惑されただけだった。私もその中の一人であったことを白状しておかなければならない。

十一　陸軍馬医学舎での教育

四年間の課程で修めるべき科目はおよそつぎのとおりであった。物理学、化学、動物学、植物学、解剖学、生理学、外貌《がいぼう》学〔形相学〕、病理学、外科学、薬物学、秣芻《しゅすう》学〔馬草学〕、造畜学、衛生学、獣医律、治療法、である。

教育の方法はもっぱら実践を主として、物理や化学もなるべく実験を課して、実習で熟達するようになっていた。解剖学では冬のあいだに少なくとも二頭の馬が供給され、植物学では郊外に出かけて標本を採り、動物学では博物館に出かけて参照するものだった。その他も実学に重きを置いたものだった。

明治八年十一月、陸軍病馬院が陸軍馬厩と改称された。十二月、馬厩の施設がおよそできあがり、東京府内の部隊、学校、将校の重傷病馬を引き取って治療し、馬医生徒の学習とした。

十二　馬医制度の編成

明治八年十二月、馬医生徒の補欠募集があり、九名が入学した。明治九年一月、さらに馬医生徒の補欠として五名の採用があった。生徒の募集はこれが最後となった。

明治九年四月、松本順の兼任を解き、当時陸軍一等軍医正であった石黒忠悳《いしぐろただのり》が馬医監を兼任して病馬厩長になる。それ以来、深谷周三は副長として馬医を統轄していたが、明治十二年三月には陸軍馬医監に任命され、病馬厩長の職に就く。これによってはじめて馬医制度の編成が名実ともに整った。

このあいだに駒場野の炭疽《たんそ》病、福島県の皮《ひ》疽《そ》、東京府の狂犬病などの伝染病があったが、馬医の技術を応用することで効果を現したことも多かった。明治十年の西南戦争は、馬医が軍の陣営において勤務した最初だったが、当時はまだ軍馬の数がそれほど多くはなかったので、馬医の功績も見るべきものはなかった。

十三　馬医学舎の思い出

馬医学舎に在学していた四年間に記録すべきことは多かったが、私は日記を書き留めてはいなかったので、年ごとに記憶していることもいまでは多くのことを忘れてしまった。ただ終生にわたって忘れることができないのは、アンゴー先生の精悍《せいかん》な態度、強い意志と性格、生徒を指導する厳しさであり、加えて、同窓生に秀才が多かったことである。

アンゴー先生と級友たちから、私はつねに影響を受けていた。同学年ではもっとも小さかったので「プチ」（小童）と呼ばれて皆から親しまれていた。黒瀬貞次、神部《かんべ》義雄《よしお》はフランス語ができ、小沢《おざわ》温吉《はるきち》、津田三郎は漢文ができたので、彼らから教えてもらった。

専門の学業においては日々努力を重ねて、いつも成績を争っていたのは黒瀬貞次であった。しかし試験の結果では、概して黒瀬貞次のほうがよく、四回の主要な成績のうち、私のほうがよかったのはたったの一回だった。一回は同点、二回は負けだったので、卒業時の首席は黒瀬貞次となった。

十四　馬医生徒の卒業

私たちが卒業したのは、明治十二年の秋だった。そのなかでも、黒瀬貞次、一柳直宰《いちやなぎちよくさい》、小沢温吉、今泉六郎の四名は、学術優秀ということで、他の生徒よりも二か月ほど早く任用され、十二月五日には陸軍三等馬医生となった。

職務としてはもっぱら、黒瀬貞次は治療、一柳直宰と小沢温吉は薬剤、今泉六郎は事務を担当することとなった。私は比較的文筆に長けていると認められていたから事務に回されたと聞いた。それ以来、私は治療から離れて事務のほうに専念することになり、実験や臨床で科学に貢献するよりも、むしろ科学の知見を整理して業務に適用するようになった。こうした境遇にいたったことも、仕方のない運命である。

配属されたのは病馬厩第一課で、私の仕事は報告と統計であったが、かたわらに治療にも従事した。そのとき、フランスへ留学生二名を派遣する話があって、黒瀬と私は候補者として内示を受けたが、しかし翌年には一名に絞られたので、私は落とされてしまった。

十五　下総《しもふさ》種畜場への出張

内務省所管の下総種畜場において馬医を養成するため、教官として適任の者を派遣するよう陸軍省に依頼があった。そこで神部義雄と私が隔月で出張することになり、明治十三年五月から赴任した。

種畜場は模範牧場として重要な家畜を飼育し、種馬・種牛を全国に供給することを目的としていた。また、牧畜家や馬医を養成する計画もあった。当時の馬医生は二十名ほどいて、各県から集まってきたその道の先駆者と自認する志願者であった。

アンゴー先生伝来の教義に基づいて学則を制定したところ、種畜場長にも認められ、学課と技術をともに授けて、実務上において有益な人材を育てることができた。これこそ日本において科学的な獣医学教育を日本人がなした最初であった。明治十三年六月には、神部義雄が私に代わったが、病気のために十分に教育を行うことができなかったので、つぎからは小沢温吉に代わることになった。

十六　馬医学舎の閉鎖とアンゴーの帰国

明治十三年、陸軍馬医学舎は閉じられて、アンゴー先生は帰国することになった。それ以来、陸軍馬医部の補充は駒場農学校に命じられたため、依託学生の制度を設けることとなった。翌明治十四年、駒場農学校ははじめて卒業生を送り出し、内務省、宮内省、その他においても、馬医への需要を満たすことができた。そのため私たちの下総種畜場への出張も終わった。

それ以後、私は病馬厩ではもっぱら深谷周三の下で校務を担当し、他方で警視庁の嘱託として屠《と》場《じょう》の検肉に従事して、公務で余った力を著作と翻訳に使った。『家畜伝染病論』と『騾《ら》驢《ろ》新編』のなどの編著、『獣医解剖書』と『獣医外科書』などの翻訳はこの頃の業績である。また、獣医書典出版義会ができたのも私が提唱したからである。

十七　馬医講習生を経て獣医将校に

明治十六年から十七年にかけて、軍備拡張にともなって馬医部を補充するため、現在の馬医生を急いで士官に登用する必要が生まれた。過渡的な手段として馬医講習生という制度ができ、明治十七年十二月に私たち十八名は馬医講習生となった。このために進級時期も早まり、私は翌年の明治十八年五月に一柳直宰とともに学術優等のため陸軍三等獣医（少尉）となった。

当時の官等には少尉試補（見習い）の階級があったので、その他の学友十六名はいずれも少尉試補となったが、私たち二人は成績が良かったのでこれを省くことができた。まずは陸軍の等級の改正があり、馬医部は獣医部と改称され、馬医の馬は獣をもって代えることになり、下士の馬医生は看馬長となった。

十八　病馬院の廃止と騎兵局への移管

明治十九年三月、官制の大改革があった。病馬院を廃止して、陸軍獣医に関する事項はすべて陸軍省騎兵局に移し、騎兵局第三課において取り扱うこととなった。

明治八年三月に陸軍馬医の業務は病馬院のもとに独立し、それ以来十一年、専門の学術がようやく発展し、その事業もまたこれに合わせて協力してきたが、ついにここにいたって馬事いっさいの業務がすべて騎兵局に掌握されてしまった。果たしてこれは文明が開け人知が進ん

写真12　『家畜衛生要論』の扉

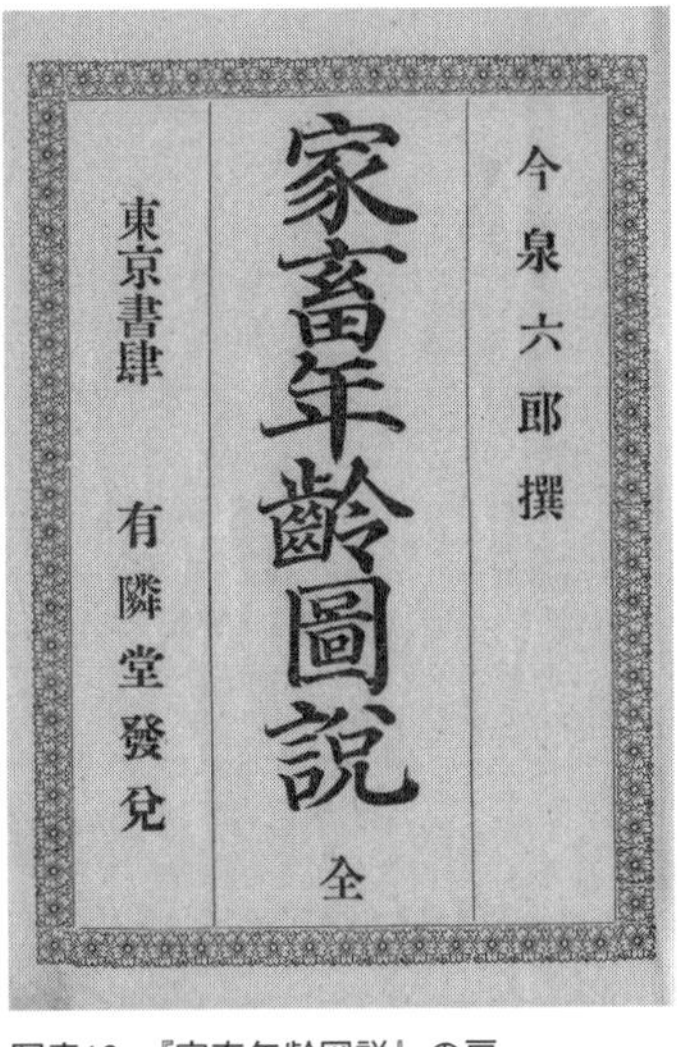

写真13　『家畜年齢図説』の扉

だからなのだろうか。それともこれは、人の世に欠陥が多いことの証しなのだろうか。

官制の大改革によって、深谷周三は騎兵局第三課長になり、厚木《あつぎ》訥平次《とつへいじ》と私は副課員になった。当時の私は読書にふけって編集や著述の仕事をしていた。『獣医外科須知《しゅち》』、『家畜衛生要論』（写真12）、『家畜年齢図説』（写真13）など、翻訳をもとにした編著はいずれもこのころの業績である。『大日本馬種略』（写真14）は国産馬に関する沿革を調査した副次的な作品にすぎない。

写真14　『大日本馬種略』の扉

十九　総務局獣医課の設置

明治二十年五月、陸軍省の官制に小さな改正があった。騎兵局第三課を廃止して、総務局に獣医課を置くことになった。当時、総務局の各課は他の局と対等の位置を占めていたので、獣医の業務もその精神においてはふたたび独立を得た。課長は深谷周三であり、黒瀬貞次と私が副課員になった。課員はなく、厚木訥平次が補佐として事務を担当した。

黒瀬貞次は長年の留学の成果を発揮して、その力を獣医部内の教育に尽くした。私もまた彼に続いて何かをなすことができるのではないかと思った。軍用種馬の産地を選定する審査委員として、国産馬の改良に参加したのもこの年のことだった。

しかしながら、軍制の変遷は獣医勤務の発展に不利に働くこともあって、戦時の編制を改正した結果、従来の獣医監であった師団獣医部長でさえも一等獣医に下げられるありさまだった。私たちの熱心な提案も受け入れられず、馬療機器定数表の発布、軍馬伝染病取扱規則の制定など、細かい規定が制定されたか、あるいは改正されただけだった。

二十　ドイツ留学が決定

このような状況下で私は、明治二十三年二月になってドイツ留学を命じられた。これも実は深谷周三の推挙によるものだった。

さきにフランス陸軍獣医アンゴーを教師として招き、数年にわたって獣医の養成にあたり、その効果を発揮していた。アンゴーが辞めて帰国したあとは、黒瀬貞次がフランスに留学して、トゥルーズ獣医学校で学んでいた。

黒瀬は七年間の留学で一般獣医学を学び、フランス軍獣医の勤務を視察し、明治二十年に帰国していた。それ以来、日本の獣医学は大きく進歩し、陸軍の衛生にも大きな効果と利益があった。獣医学の評価も一変したように見え、もはや外国に頼ることもないように思えた。

しかしながら、これはただフランス流の獣医学のことであって、最近ではさまざまな学問において繊細で奥深いのはドイツのものとなっている。だが、ドイツに行って研究をした者がまだいない。もし現職の獣医官の中で学術優秀の者を選んでドイツに留学させ、かつ、その軍隊勤務について習得するところがあれば、なおいっそうの進歩が見込めるのではなかろうか。そこで明治二十三年から三年のあいだ、獣医官一名をベルリンへ留学させることになったのである。

二十一　ベルリン高等獣医学校からコッホ研究所へ

長年の夢がかなって、私は留学することになった。私と同時に留学を命じられた者は十一名であり、横浜を出航したのは明治二十三年三月九日で、マルセイユに上陸し、パリを経てベルリンに到着したのは同年の四月二十日だった。

ドイツではベルリン公使館に駐在していた留学生担当の福島安正《ふくしまやすまさ》陸軍少佐がいた。学友には軍人以外に北里柴三郎《きたさとしばさぶろう》博士と日高真実《ひだかまさね》学士の二人がいて、世話をしてくれたり、研修上の便宜を図ってくれたりした。

私は当初、プロイセン王国高等獣医学校の教頭ヴィルヘルム・シュッツ博士のもとで病理解剖を研究し、組織学実習と細菌研究に着手した。その後、ロベルト・コッホの衛生院に移り、細菌研究室において顕微鏡を使って検査をしたり観察をしたりした。

ついで、ルプネルのもとで医学実験を見学し、ナッジウース、セッテガスのもとで造畜学を学んだ。また、グラゲッズ、トラケーネン、ベーベルベックの牧畜をはじめとして、ドイツ各地の種馬所、軍馬補充牧、その他の民間牧場を見て回って、馬種改良や幼馬育成についても学んだ。

ミュンヘンに移ってからは、生理化学の実験と寄生虫の分類に従事し、ハーンの外科とフレーネルの内科臨床を学んだ。その後、オーストリア＝ハンガリー帝国とイタリアの主要都市を訪れて、軍隊における獣医の勤務ぶりを観察した。ベルリンに戻ってきたのは明治二十六年五月中旬であった。それからはもっぱらプロイセン陸軍の獣医業務について観察した。

帰路はスイスを経て、イタリア北西部のジェノヴァ港に出た。ドイツのロイド郵便船に乗って帰国したのは八月八日だった。

二十二　帰国当時の状況

三年半の留学は思えば夢のようなものだったが、帰ってくると獣医部内には驚くような変化があった。

獣医課は廃止されていて、深谷周三は亡くなり、厚木訥平次は休職していた。陸軍獣医の事務は馬政課に移り、黒瀬貞次だけが課員にとどまっていた。見るべきものはただ陸軍獣医学校の創設だけであって、その獣医学校も重症病馬治療所と蹄鉄学舎が合併したものにすぎず、獣医学校の長官も騎兵中佐か少佐となっていた。

二十三　獣医学校の教官となる

私は留学を終えて帰国するとすぐに獣医学校の教官となり、獣医部内の教育にあたることになった。獣医学校は上目黒村の陸軍乗馬学校と同じ厩内に置かれていたが、設備は整わず、内科・外科の臨床をはじめ獣医の専門教育はなおも、重症病馬治療所跡で実施するありさまだった。

私がとくに力を入れたのは伝染病の研究と診断法の改良だった。治療が学術的に合理的であることもまたもっとも留意した点である。とくに検眼鏡の応用はウィーンのバイエル教頭の教えを伝えたことに始まり、検尿を臨床に適用するのも私が帰国してからのことであった。従来、獣医部内の習慣としてややもすれば内科においては薬剤を乱用し、外科においては水道水を使っていたが、努めてこの弊害を矯正することに注意した。

余暇には『陸軍獣医事』の前身である『陸軍獣医志叢』の編集を担当し、そのための資料を集めることにも心を砕いた。また、病馬の臨床で得た胸疫《きょうえき》、膿疱皮疹《のうほうひしん》、血斑熱《けつぱんねつ》などの病理を紹介し、その経験を発表したり、虚性蹄葉炎《きょせいていようえん》に対する実験で、ビロビンの効用を披露するなどもした。

明治二十七年には学生が招集されたので、私の教育方針を施すことができた。学生は二等獣医と三等獣医の六人であり、病理造畜診断法の講義から細菌学の実習まで、内科臨床も担当した。外科では手術の実習はもっぱら黒瀬貞次が担当したが、ときには私が執刀したこともある。獣医学校の石原吉弘《いしはらよしひろ》校長はときどき私の教育法を見ていたが、いつも原理原則の応用という点に感動して、ドイツ式教育の精神を発揮したものだと感心していた。

二十四　日清戦争

明治二十七年四月から東洋の情勢が緊迫してきて、ついに日清戦争となった。第五師団の出兵をはじめとして、つぎつぎに各師団に動員が命じられた。私も明治二十七年九月になって韓国に派遣されることになった。

これはもっぱら韓国において軍馬が冬を越えるための準備をするものであった。このとき私は馬政課の課員とともに第一軍の輸送船に乗って仁川《じんせん》から上陸し、龍山《りゅうざん》を経て京城《けいじょう》に着いた。任務を完了したのち、帰路は第三師団の輸送行軍を観察したところ、戦時の軍馬の衛生について心配な点を見つけた。

とくに飼料として乾燥させた草、馬草の現地調達が不要であるかのような状況だったので、私は第一軍の兵站《へいたん》監部に注意を促した。馬政課長にも、軍に兵站獣医部の必要を説いてもらったけれども、伝えたのが遅すぎて大本営はすでに広島に進んだあとだった。一、二回、電報でやり取りをしたが、そのままであったのは大いに残念だった。

第二軍の動員があったとき、私は兵站部付きにしてもらったが、この任務は一柳直宰に移り、私は近衛師団の獣医部長として内地にとどまることになった。このとき獣医学校は半ば閉鎖されていて、要員の補充のため候補生の入学があった。このために私は近衛師団と獣医学校を兼務して教育にあたることになり、一時は獣医学校の校長代理も務めた。

二十五　馬匹調査会委員となる

明治二十八年、農商務省に馬匹調査会が設置された。私は委員として会議に参加することになり、馬制の大切な点について馬政課に意見を述べることになった。西端学《にしはたまなぶ》陸軍騎兵大尉が帰国してからは陸軍の馬種改良策はもっぱら定まった学説を適用するだけになっていたが、このときからは個々の事情に合わせて適宜対応するようになった。

二十六　軍務局課員となる

日清戦争が終わり、明治二十八年末に陸軍は凱旋し、私も本職に復帰してふたたび教育に専念することとなった。あわせて学問研究にも励むつもりで、翌年には着々とその準備を進めていた。

だが、明治二十九年五月に入って部内の人事に小さな変動があり、黒瀬貞次は獣医学校で教鞭を執り、私は軍務局で重要な政策を担当することになった。もしもあと三年、教育と研究に力を入れることができたならば、学界に貢献することもできたかもしれない。しかし、常日頃から心に抱いている計画をいささかなりとも軍務局で行うことができるようになったのは、このときがはじめてであった。私は獣医部長とともに陸軍獣医監を任命されたのみならず、一挙に先輩たちを出し抜いて筆頭に立ったのだった。

二十七　陸軍獣医監となる

当時の陸軍大臣は大山巌《おおやまいわお》元帥、軍務局長は児玉源太郎《こだまげんたろう》大将、馬政課長は大蔵平三《おおくらへいぞう》中将だった。私は獣医監・課員として軍務局長に従属し、馬政課長の指揮の下で陸軍獣医が扱うべきさまざまな事柄、いわゆる獣医事を掌握することとなった。任務は重く、そのような器でもなかったので、慎重に取り組んでいった。

私の下には下級課員として老練の小沢温吉がいて、いつも助けてもらった。私が入省したときには日清戦争後の計画がほぼ緒につき、平時の編制と規則はすでに発表されていた。私の提案は、部隊付きの獣医は師団を単位として、重症の病馬は師団ごとに一括して治療を行って獣医の教育に当てようとするものだったが、しかし、できあがった案は前と同じように部隊単位で構成されるものだった。行きがかり上、この案を途中で止めることもできなかったし、それはそれでしかたのないことだった。

二十八　軍馬衛生会議の創設

新しい編制の中でとりわけ努力したのは、軍馬衛生会議を創設することだった。議長には大蔵平三馬政課長が推薦され、事務官に厚木訥平次と加藤雄千代《かとうたけちよ》の二人を補い、在京の獣医部長、獣医学校の高級教官、そして私が常設議員となった。軍厩の設置案を定め、馬草の日量を決め、氷上馬蹄の制式を定めたのも、すべて軍馬衛生会議の成果だった。

私が陸軍省に入省して第一に手がけたのは、師団獣医部における服務規則の制定と教育訓令の発布だった。服務規則は当初、詳細に定めて起草しようとしたのだが、当時の会議では服務上の基本規則だけを掲げて、細かいことや専門的なことは省かれて簡単なものとなった。

二十九　学術の奨励

教育訓令は実施上の便宜を計り、成績に合わせて人を評価して登用することにして、人事の異動に効力を発揮するように努めた。それにあわせて、獣医部内では学問に精力を注いだのは目を見張るべき現象だった。とくに、学問を発達させる一要素として外国語の研究に重点を置いたのは、私たちの獣医部がはじめてのことだった。部隊付きの青年獣医がつぎつぎに外国語の専門書を購入していたのも、この影響であった。また、優秀なものは『偕行社《かいこうしゃ》記事』にも掲載された。

三十　勤務の監督

学術の奨励とともに大いに注意したのは、各人の職務である。このことを私はとくに念頭に置いて、各師団における実地の観察と師団付き獣医部長との会合は、なるべく毎年行うようにした。このために私は軍務局長の代理として部隊を巡回し、所属獣医の勤務と獣医部長の能力を監視した。そして、講評を試みたり訓戒をしたりして、学術の進歩を促し、勤務の成績をつけた。獣医部長との会合にはあらかじめ諮り、かつ部長の質疑には議論を促すよう大事を尽くした。

三十一　獣医部の官等問題

獣医の官等を上げることは獣医部の長年の望みであり、私はこれを陸軍省に入省してから片時も軽んじたことはなかった。しかしその解決は容易ではなかった。

官等問題は深谷周三が病馬厩長だったときに始まり、当初は病馬厩長の地位を一級進めて中佐相当の獣医監とし、その下に副長として少佐を置くはずだった。だがすぐに大尉に引き下げられて、獣医部の最高位はかつてのまま少佐相当の獣医監にとどまった。

もっとも深谷周三は獣医監に就いていたことが長く、功労もまた多かったので、退職時には従五位に列せられた。ここからも、爵位・官位などの栄誉が獣医部にとってどれほど大事だったのかがわかる。

明治二十九年秋になって、経理部と衛生部の官等の上進が議題に上がった。うまくこれを利用して手を尽くしてみたが、しかし機が熟さずうまくいかなかった。当時の原案では、中佐相当の高級官二名は、軍務局の課員と獣医学校の教官の各一名を定員としていたが、これはもとより私の原案ではなかった。

従来から私が目指していたのは、獣医部内の最高官を少将相当の獣医監として独立の専門職務の長となし、つぎに、大佐・中佐に相当する若干名の獣医正を置き、これを師団の獣医部長ほか各方面の要職として補塡《ほてん》させることにあった。これを実行するための順序として、まずは最高官を大佐相当に進めるのがかねてからの私の望みだったが、当時の議論では、少しずつ官等を上進させていくという方針になった。

その後すぐに馬政課長の大蔵平三は少将となって省外に転出し、代わって馬政課長となったのは、いまの騎兵旅団長の田村久井《たむらひさい》だった。大蔵平三は課外にあっても私たちを助けてくれ、獣医制度の充実はしだいに進んでいった。けれども勢いがなくなり、情勢は容易に好転することもなく、事態はそのまま経過していった。

首尾よく内外の呼吸が合ってようやく事が成就するときがきたのは、明治三十年から三十一年にかけてであった。着々と獣医材料の整理をして、平時にも戦時にも通用する器具を改良し薬品を定めて、これらを充実させたのみならず、長年の難問であった蹄油の費用を支出できるようになった。ついに師団の獣医材料はすべて獣医部長の判断で供給できるようになったのである。

三十二　軍務局獣医課

明治三十二年、官制上の進展によい兆しが現れた。年末にはほとんど解決の望みがあったが、経理部に関わる事故のためについに果たさず、軍務局内に獣医課を置くという小さな変更で一段落した。

等級の改正案は宇佐川一正《うさがわかずまさ》・軍事課長の援護で大いに発展して、中佐最高案からさらに進んで、私が希望した大佐まで二段飛びの案が成立した。裁定の結果、獣医課長は一等獣医正（大佐）として、その下に二等獣医正（中佐）と三等獣医正（少佐）の課員を置き、獣医学校の高級教官は同等の位置に進むこととなった。これは私が入省以来四年半、服務の進行はときにゆっくりであったが、その勢いがつねに強かったことを物語っている。

しかしながら獣医課の設置に先立ち、その母体である騎兵課長の更迭《こうてつ》があった。したがって騎兵課の方針もまた、それ以前のままであった。密接な連関がある獣医部内のことが、このために多大の影響を受けて、各方面においても不都合が生じてしまった。

明治三十三年、北清事変が起こった。大事にはいたらなかったが、獣医部内の業務は戦時に貢献することもなく終わってしまった。しかし材料はすでにいたるところに充実して、その補充もまたすばやく行われたので、いささか心強いものがあった。

明治三十四年は改革の始まりであった。年来の難問である獣医部の改正を解決すべき議題が、宇佐川一正・軍事課長より出されて、軍務局の議題として別段の異論もなく進んでいく情勢であった。だが不幸にも他所との連携の関係から、その後法制局のところで遅れてしまった。その間に陸軍省内の人事にもいろいろな変更があり、解決を見ることなく終わってしまった。

この年の成果は、陸軍獣医の内村兵蔵《うちむらへいぞう》がイギリスとドイツに駐在したことだけだった。

三十三　官等問題の解決

明治三十五年には陸軍省の内部で大きな更迭があった。児玉源太郎が台湾総督となり、寺内正毅《てらうちまさたけ》は陸軍大臣になり、宇佐川一正が軍務局長の要職についた。官等問題もようやく解決へ向かい、はじめて進展のときを迎えた。明治三十五年五月に改正が発表され、獣医部にとって特筆すべき年となった。

私が陸軍省に入省してから六年、獣医部の事案はゆっくりと進んでいった。私たちは専門の学術をもって仕事に励み、業績もいたるところで現れてきた。官等の規定は依然としてかつてのままであったが、このときはじめて改正され、大佐に進むことのできる制度となった。

三十四　獣医服務規則の制定

陸軍獣医部の一員として私が長く担当してきた業務は、職務に関わる規則を作成することだった。陸軍獣医部はもっぱら教育と勤務の一致を目指して、勤務に必要な資料は教育に仰ぎ、教育によって得られた教養や技能は適切に勤務に用いる方針に従って、明治二十九年五月以来の一貫した目的を追求してきた。このためにまず、私は獣医部士官の教育訓令を起草して発布し、師団獣医部の服務規則の制定によって獣医部長の職責を明らかにした。

また、部隊付きの獣医の職務は従来から軍隊内の書類で規定されていたが、その他については何も定められていなかったので、私は獣医服務規則を立案して実行し、あわせて軍馬衛生に関わる診断書式などを統一した。

以上の計画は獣医部長の会議と陸軍省主任者の巡視によって均しく成果を上げた。獣医部内においては個人が競って本を買って学問研究に励み、職務においては責任をまっとうして技能を発揮した。これが四、五年来の顕著な現象である。教育訓令は明治三十二年に多少の変更が加えられ、獣医部の服務規則は一昨年に改正のための起草がなされたが、まだ実施されてはいない。

三十五　陸軍獣医部の補充

人員の補充については、明治三十一年から主として農科大学の依託学生によるものとする制度が成立していたが、昨年になってはじめて一期生の補充を見た。現在のところ二十四名ほどの有望な者のほかに、志願兵から抜擢する補助手段も行われている。このような方法は、獣医出身の志願兵を奨励することにもなるから、戦時の要因として割り当てることもできるという利点がある。

獣医材料はおよそ整ったが、戦用品についてはわずかに不足している。通常品は獣医部長が現地調達をして保管し、各部隊に供給する。戦用品は明治三十二年に新調して、いたるところに貯蔵して保管し、獣医部長が監督する。戦時の追加は衛生材料厩の管轄であって、そのために二名の獣医と一名の蹄鉄工長を置くことになった。

三十六　陸軍獣医制度の完成

明治三十六年以降、獣医材料の実験研究にあてるべき若干の予算があり、今後もさらに改善していくこととなった。

職務の系統については、兵学寮以来何度も変更があった。明治十九年の改革で病馬厩を廃止して、騎兵局第三課を活動の中心に据えた。けれども、そこから総務局獣医課を分離して馬政課の管轄となり、騎兵課を経て今日の制度になった。

こうして獣医部は軍務局内の専門分課となり、上は軍務局長から下は軍隊官衛付きの獣医にいたるまで一系統となって、部内の教育を推奨して勤務を監督する職責を担った。

しかし、獣医課の掌握する事項と獣医部長以下の服務規程を比べてみると、二つは往々にしてその趣を異にしていて連携を欠いていた。たとえば、飼育と蹄鉄は、いずれも衛生上は緊密な関係にあり、これらはすべて獣医が掌握して把握しなければならないことであったが、獣医部長以下の主要な責任であるにもかかわらず、本来の職務である獣医課の官制においてはこれらは明文化されておらず、欠点となっていた。

したがって今日急務とするのは、馬の衛生に関することは獣医課の仕事として取り扱うべきであり、これによって教育と職務の一致を緊密にして職務の責任を果たすことである。その他の服務規程もまた同じように整っていけば、馬の作業力も増し、生命と健康を保ち、病気を治してけがを防ぎ、軍馬としての効用を果たすこともでき、貢献するところも多いはずだ。

いままでは獣医部の官等も改正され、獣医部内の長年の熱望もかなえられて士気も上がってきた。獣医部の勢いもあるから、この機会にますます官制を完備したいものだ。すでに進んだものは普及させ、途中のものは前進し、まだのものは助けて、これによって陸軍獣医制度を完成させたい。

三十七　陸軍獣医学校の校長となる

明治三十五年秋、私は獣医課長心得《こころえ》から二等獣医正（中佐）に昇進し、獣医課長になった。はじめて長年の理想を実現することのできる好地位を獲得した。しかし世の中の動きはゆっくりで、思ったこともうまくいかず、計画も実行されなかった。

翌年の明治三十六年五月、陸軍省の官制の改正があり、それとともに獣医課はふたたび廃止された。私はこのときから獣医部の教育主任者として獣医学校の職に就いた。栄転なのか左遷なのかわからないが、意見があれば意見を述べ、命令に従うことは、軍人が本来果たすべき務めである。

これまでは騎兵課の将校が陸軍獣医学校の校長だったが、その後は獣医部の上長官（大佐・中佐・少佐）が校長となることになった。こうして学問上の系統が進歩して到達したところで、獣医課が廃止されて獣医学校が設立され、校長の職務は獣医部に帰属することになった。

三十八　日露戦争

その後一年も経たずに、いまだかつてない戦争となった。その間、校長の職に二年就いていたが、兵馬ともに忙しく、獣医学校の事業として戦時の要員を養成した。士官と下士官がそれぞれ二百名、馬蹄の製作が二百万装に及んだ。私が現在の一等獣医正（大佐）に昇進したのもこのときであった。

平和が回復したのちは教育と研究の区別もなく、獣医学校の業務は多忙をきわめ、定員外で校務に従事している佐官も多かった。編成も変わって、規則も新しくなっていった。

自分のことを振り返ってみれば、まだ五十歳にはなっていなかったが、白髪も目立ってきて老人のような青白い顔となり、気力も衰えて老境に入ったようだ。頼りになる後進も多く、すぐれた業績を持つ人も多い。『陸軍獣医事』のなりゆきを左右する運命もまた、ますます発展していくように見える。『陸軍獣医事』創刊二百号を祝うときには、百号を祝うときには想像もできなかった隆盛を見ているであろう。

明治四十年初秋

以上が、『陸軍獣医事』第百号臨時増刊（一九〇七年十一月）に掲載された、今泉六郎の論説「余が半生の境遇」の現代語訳である。

今泉六郎は、一八六一年に生まれ、一八七五年（十四歳）から一九一〇年（四十九歳）まで陸軍獣医として働き、一九三二年に七十一歳で亡くなっているから、論説のタイトルに「余が半生の境遇」とあるように、人生のちょうど半分の三十六年間を陸軍獣医として生きていたことになる。

では最後に、今泉六郎の人と思想を見ておこう。

第五章　今泉六郎の人と思想

一　今泉家の系譜

今泉家は代々会津藩士の家系で、藩士の名簿『諸士系譜』によって、初代の又兵衛《またべえ》家利《いえとし》から八代目の孫惣《まごそう》利武《としたけ》まで今泉家の系譜をたどることができる。

さらに、『要略会津藩諸士系譜』によって、九代目の当主が隼右衛門《はやえもん》利直《としなお》であったことを確認できる。隼右衛門利直は二百石の会津藩士で、御旗《おはた》奉行、御蔵入郡《おくらいりこおり》奉行、町奉行などを務めていた。

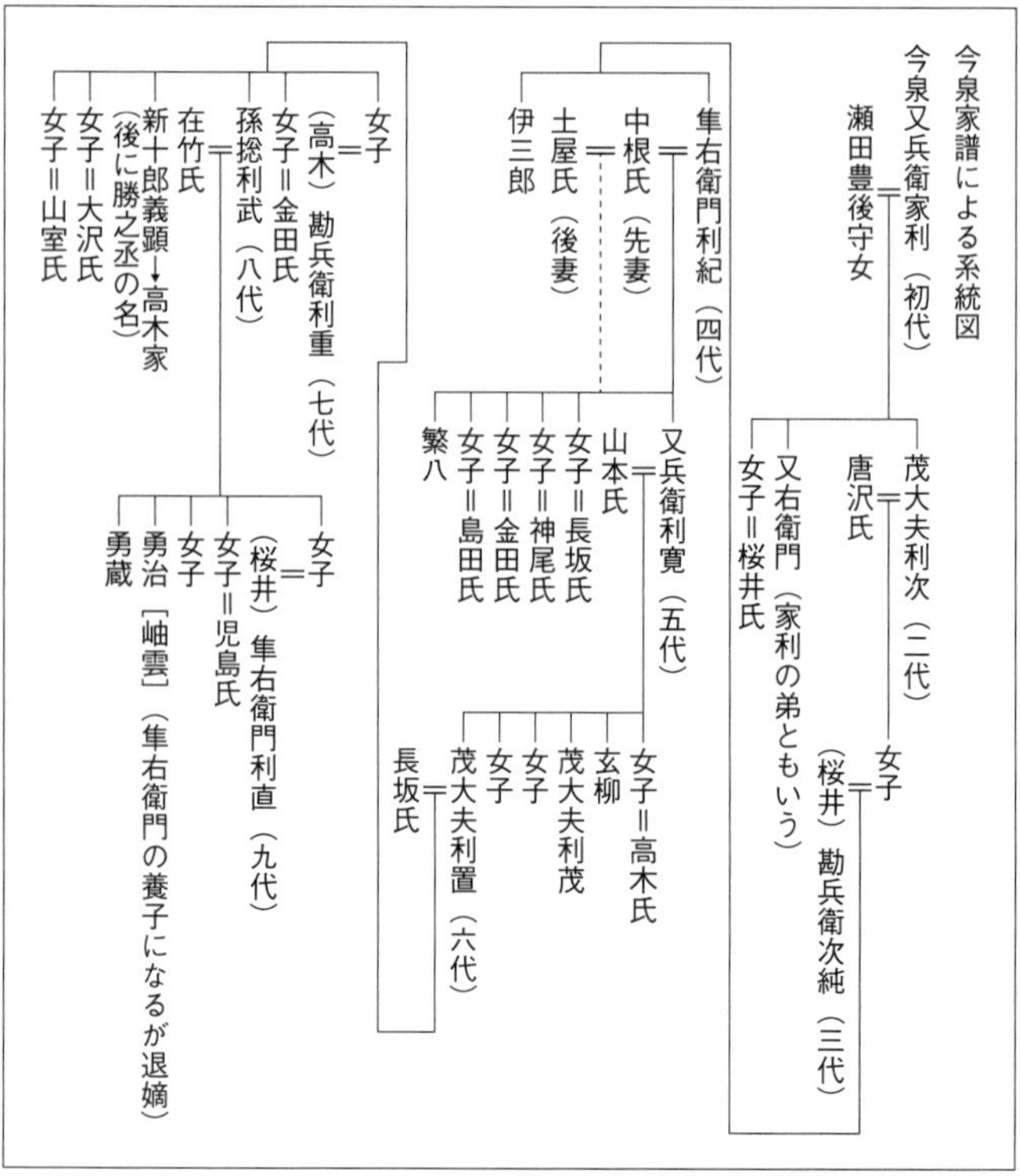

図1　今泉家の家系図（初代から第九代まで）（今泉家提供）

また、今泉家に伝わる『今泉家譜』によれば、八代目の孫総利武が亡くなると、長女・政子の婿（桜井）隼右衛門利直が家督を継いで九代目の当主となり、長男・勇治は兄・隼右衛門利直の養子になったとある（図1）。

しかし、勇治は姉夫婦の養子であることが意に染まず家督相続権を放棄し、漢学者・岫雲《しゅううん》となって会津の日新館で漢学を教えることになる。子弟にはのちに東京大学総長となる山川健次郎、東京師範学校校長となる高嶺秀夫、明治学院総理となる井深梶之助《いぶかかじのすけ》がいた。

六郎は一八六一年三月十三日（文久元年二月二日）に、会津若松城郭内で隼右衛門利直の九番目の子として生まれている。幼名を良元といった。六郎が満五歳のとき、父の隼右衛門利直が病気で亡くなっている。

一八六八年（慶応四年）、六郎が七歳のときに会津戦争が勃発し、会津藩兵が若松城に籠もると、政府軍は城を包囲して一斉に砲撃し、城内では多数の死傷者を出した。六郎の兄・隼右衛門《はやえもん》利貞《としさだ》はこのときに戦死している。

若松城内には六郎の兄や叔父とともに、会津藩の砲術師範の子でみずから銃を持って戦った山本八重子（のちの新島八重）もいた。戦いは政府軍の一方的な勝利で終わり、会津藩は朝敵の汚名を着せられ廃藩となるが、福島から青森に移って斗南《となみ》藩として再興する。

その後、今泉家の一族は帰郷して、直系は隼右衛門利貞の長男・常彦に引き継がれていく。六郎が九歳になった一八七〇年（明治三年）、叔父の勇蔵が六郎の母・政子と六郎をともなって東京の神田鍋町へ上京し、翌年には旧会津藩士で医師の高橋修斎《しゅうさい》を訪ねている。

一八七五年（明治八年）、十四歳になった六郎は、医学を志して浅草今戸町の開業医・磐瀬《いわせ》玄策《げんさく》に弟子入りする。このとき陸軍で馬医生徒の募集があり、本当は軍医になりたかったが、勧められて馬医になることを決意する。

それから四年後、十八歳になった六郎は馬医学舎を卒業して、陸軍馬医となって病馬厩に勤める。フランス留学の機会を逃すも、二十四歳には馬医講習生を経て陸軍将校となる。そしてこの年に結婚する。

ときを同じくして明治十四年の政変が起こり、日本の国家体制は英米流の議会制からプロイセン型の君主制へと舵を切る。それに合わせて、日本人の留学先が英米仏からドイツへと一変し、留学先での専攻科目も医学や自然科学から人文・社会科学へと変更される。

このような情勢のもと、大日本国憲法が施行された一八九〇年（明治二十三年）、六郎のドイツ留学が決定される。六郎が二十九歳のときであった。

六郎は当初、ベルリン高等獣医学校で学ぶ予定であったが、翌年にはコッホの伝染病研究所へ移っている。この間にベルリンの古書店でドイツ語の本を買い込んでいる。入念にカントやヘーゲルなどの哲学書を選りすぐり、ダーウィンの進化論にも関心を寄せていた。

三年半のドイツ留学を終えた六郎は、一八九三年（明治二十六年）に日本に帰国するやいなや、陸軍獣医学校の教官となってドイツの獣医学を伝える。それから十年後には陸軍獣医学校の校長にまで昇進し、同年には会津図書館に蔵書を寄贈している。

一九一〇年（明治四十三年）、定年よりも比較的早い時期に、六郎は四十九歳で退役する。その後は小田原に隠居して、趣味の刀剣や古書を収集しながら、一九一四年（大正三年）には小田原中学校に蔵書を寄贈している（写真15）。

一九三二年（昭和七年）六月三日、六郎が七十一歳のとき、小田原の自宅で亡くなる（写真16）。

写真15　晩年の今泉六郎（今泉家提供）

写真16　浄光寺にある今泉家の墓（今泉家提供）

なお、今泉家の家系図から、六郎には四人の兄と四人の姉がいたことがわかる。長兄の隼右衛門利貞は会津戦争で草風隊の指図役となり戦死、次兄の政之進《まさのしん》利器《としかた》は京都守護職の精選組となり京都で病死、三兄の直三郎は会津戦争後に会津で漆器屋を営み、四兄の直五郎は高橋家へ婿入りする。

長姉は早世し、次姉のセイは会津の名家・芳賀《はが》家へ嫁いでいる。芳賀の先妻の子は、ドイツ留学後に陸軍軍医学校校長、陸軍軍医総監となる芳賀栄次郎である。三姉のナホは蔵田家へ嫁ぎ、四姉は奥村家へ嫁いでいる。

六郎の妻は（中台《なかだい》）芳子《よしこ》といい、一八九六年（明治二十九年）に三陸地震の被災地支援のため地蔵菩薩尊影二万体を印刷して、尼僧・颯田本真《さつたほんしん》に託していることが、「今泉六郎居士《こじ》令室《れいしつ》芳子《よしこ》印施《いんせ》」という資料に残されている。後妻の（藤牧《ふじまき》）富士子《ふじこ》は神奈川県平塚市出身で、四十二歳で六郎と結婚するまでは東京の神田で小学校の教師をしていた。

今泉家によれば、六郎と芳子のあいだには五人の息子と二人の娘がいたという。長男の昌彦と四男の文代は生まれてすぐに亡くなったため、戸籍には記載されていない。次男の鳴雄は二十三歳で、三男の勲は二十七歳で、五男の信雄は二十三歳で、いずれも結核にかかって亡くなっている。

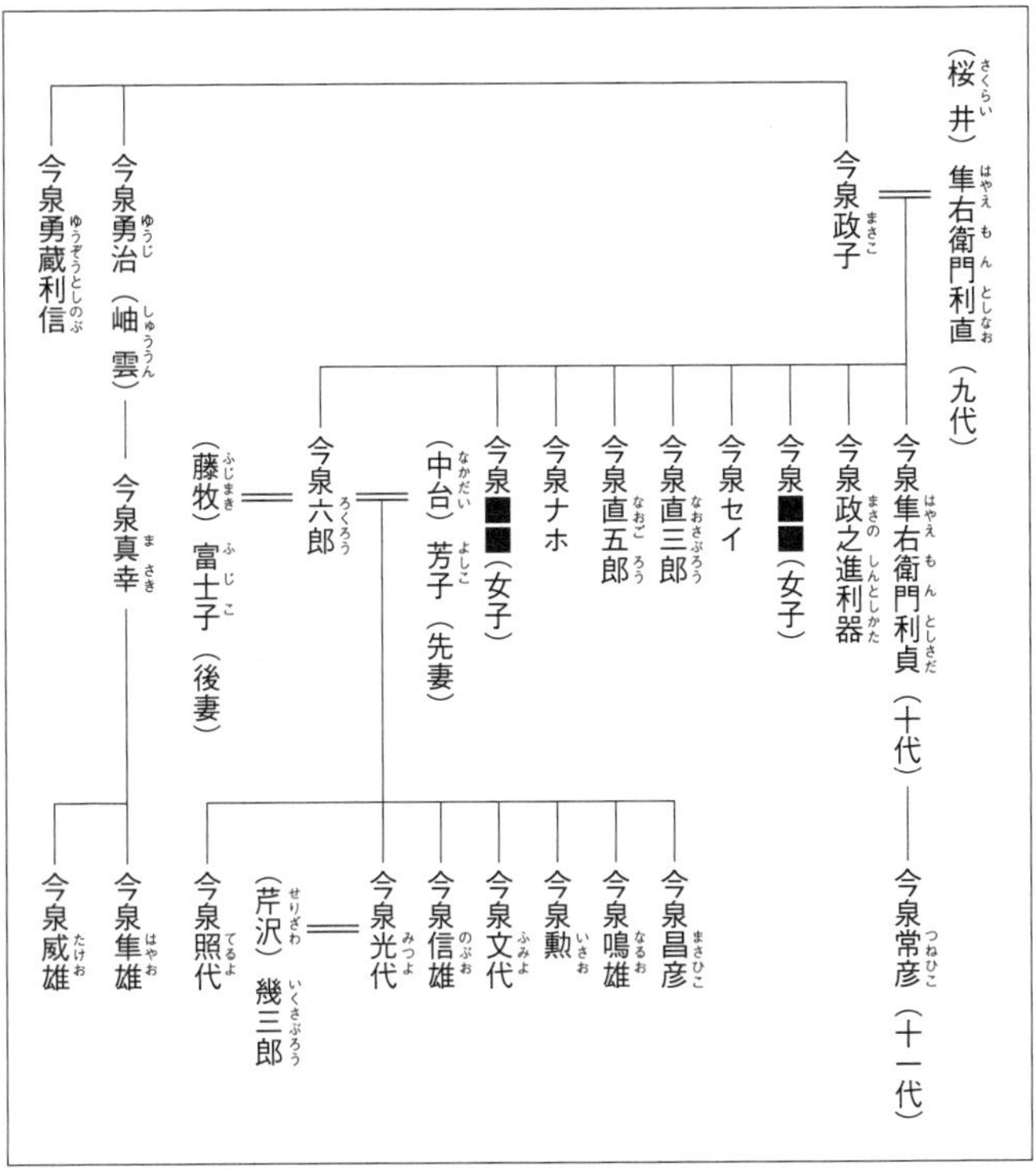

図２　今泉家の家系図（九代から十一代まで）

六郎の跡取りとなる息子がすべて病死したため、長女の光代が婿を取っている。光代の夫は（芹沢《せりざわ》）幾三郎《いくさぶろう》といい、盛岡高等農林学校獣医学科を卒業後、陸軍獣医学校に入学してきた優等生で、六郎の助手を務めていた。幾三郎は、一九一七年（大正六年）に陸軍に任官し、のちに六郎と同じ階級である獣医大佐となるが、上海の第十三軍獣医部長のときに終戦を迎え、一九五六年（昭和三十一年）に小田原で死去する。

以上が、今泉家の系譜である。参考として、今泉家の家系図（九代から十一代まで）を掲げておく（図2）。

二　今泉六郎の思想

最後に、『会津会会報』（第十八号、一九二一年）に掲載された今泉六郎の論説「節操の枯渇《こかつ》」を現代語に翻訳して載せておきたい。この論説は、会津で生まれ育った今泉六郎が、幼いときに会津を離れ、東京に出て陸軍獣医となり、その後は引退して小田原に隠居した頃に書いたものである。生まれてから死ぬまで、会津を離れても生涯「会津人」として生きた今泉六郎の人となりがよくわかる文章である。

節操の枯渇

今泉六郎

私は八歳で戊辰戦争に遭い、十歳のときに叔父にともなわれて東京に移ってきた。それ以来、郷里の人とはつながりが薄く、したがってこれまでに義理や恩があって慕うほどの友人があっても、これを同郷のあいだに求めることはきわめて少なかった。

だから今日、会津会の会員に、とりわけ青年の方々には私の名まえすら知られていないし、私のほうでも知っている人はほとんどいない。このように疎遠な状況にあった私が『会津会会報』にはじめて一文を寄稿した動機は、さる大正十年三月十七日の会津会幹事からの問い合わせによるものである。

問い合わせによれば、近況や感想、または会津の資料など、会報にふさわしいものを寄稿するようにとのことであった。それについてすぐに思いついたのは、私の先輩たちが会津人として、もっとも痛切に身をもって納得していることである。つまりそれは「節操」のことである。

節操とはじつに会津人の生命である。会津人は節操に生き、節操をもって生きてきた民族である。会津藩が当時の東北地方において勢力を誇ったのもこの点においてだし、幕末になって勢いを盛り返したのもこの点においてであった。古老の会員が節操をもって人格を修養してきたのはいうまでもないが、青年にも節操の心血《しんけつ》が流れているのは間違いない。

しかしながら、目下、世のありさまはどうであろうか。

詐欺《さぎ》、食言《しょくげん》、収賄《しゅうわい》、疑獄《ぎごく》、あらゆる不祥事、不快な用語、不詳不快な事件が毎日、新聞紙面の大半を埋めている。節操が何であるかをまじめに議論するのは、時代遅れであるように思われている。

先日は、「珍品五個事件」〈憲政会総裁の加藤高明が五万円の寄付を受けて「珍品五個領収」という書状を出していたことを、政友会の広岡宇一郎が追及した事件〉というものがあった。本人たちは、節操を買ったとか、節操は売らないとか、もっともらしく争っていたようだ。

だが、私たち会津会の会員から見ると、あんな問題はとうてい節操などといえる正真正銘の道徳の用語で語られるものではない。このようなことに軽々しく節操を担ぎ出されては、節操の神聖さがひどく汚されるような気がする。

そもそも節操とは、私たちが先天的に持っているりっぱな「徳」のことである。天が命じた生まれつきの性質であり、人が生まれながらにして持っている正しい知識である。本来の任務とか義務とかが生まれてくる「人道」、すなわち人が人として守るべき道の源である。

世の中で人が守らなければならない道徳は、世の人びとのこころのうちにあるはずだが、しかしいまでは、本来の任務を見くびり、なおざりにしているように見える。これは節操という人道の源が長く枯渇しているからではないだろうか。

道義に反するお金を贈ったり受け取ったりすることは、人が道徳として守らなければならない義務としては、もっとも低級な恥知らずな行為である。見せかけだけの偽りの証拠を振り回すのも、同じように恥知らずの行為にほかならない。思うに、恥を知るこころは、不善を恥じて憎むこころから生じるものである。

孟子《もうし》は、悪いことをしたときに恥ずかしく思うこころがなければ、人ではないと論じていた。孟子の論法をもってすると、恥知らずの行為をあえてするものは人でなしということになるだろう。古来の人格者はみずからを厳しく律して責めるにしても、他人を厳しく責めたりすることはなかった。だが今では、これと正反対のことをもって人格者というのだろうか。

過ちがあれば他人に転嫁し、功績があれば自分に帰するのが、目下の流行であるように見える。文部大臣の食言とか、陸軍大臣の守るべき節義などという問題は、このような流行の産物ではないだろうか。もし自分の過失であるとか、失策であることに気づいたならば、（少しでも恥を知るこころがあればだが）、遺憾だとか、釈明とかいうようななまぬるい言い訳はできないのではなかろうか。

地位や身分の高い人たちが、遺憾であるとのことばを連発していたが、私はそれが空しく連発され、命中しなかったことを大いに遺憾に思うのである。

詐欺、食言、収賄、疑獄、何と不祥事の多いことか。

このように見苦しい姿は収まることもなく、恥ずかしい姿をして世の中は回っている。天下の将来は果たして、どのような悲惨な境遇に沈み込んでしまうのだろうか。まことに心配でならない。そうであれば、このような退廃を挽回して、世の中の動きを盛んにするためには、何をもってもっとも重要な意義とするのだろうか。

それは、本来の任務を重んじて努力することである。つまり、政治家は政治家らしく、教育者は教育者らしく、老人は老人らしく、若者は若者らしく、各々その倫理を守り、その責任を尽くすことである。

これこそがまさに、時代の悪弊を救済する最大の急務ではないだろうか。平凡といえば平凡、卑近といえば卑近、別に妙案でもなく、奇計でもないが、いわゆる本来の任務の源である節操の枯渇した今日では、なかなか容易には実現しないようだ。

しかしながら、虎がほえれば風が吹き、龍がうめけば雲が湧き立つと聞いている。私は人道においては、とくに会員のなかの青年に期待している。そして今、倫理の指導者となるべきものはだれであろうか。私はあえて会員中の先輩たちがそれにふさわしいと考えている。

大正十年三月二十八日

以上が、『会津会会報』（第十八号、一九二一年）に掲載された今泉六郎の論説「節操の枯渇」の現代語訳全文であり、「会津人」として生きた今泉六郎の人と思想がよくわかる文章である。

略年譜

一八六一年（文久元）　〇歳　三月十三日（旧暦の二月二日）、会津若松城郭内で今泉隼右衛門《はやえもん》利直《としなお》の五男として生まれる。

一八六三年（文久三）　二歳　のちに六郎の上司となる深谷周三《ふかやしゅうぞう》が江戸幕府の馬医になり、洋書調所（開成所）で獣医学を学ぶ。

一八六六年（慶応二）　五歳　六郎の父・隼右衛門利直が病気で亡くなる。

一八六七年（慶応三）　六歳　江戸幕府の招きでフランス騎兵大尉デシャルムが来日し、幕府馬医の深谷周三に馬事を教える。

一八六八年（慶応四）　七歳　政府軍と幕府軍との戦い、会津戦争が勃発する。政府軍の砲撃により若松城内に籠もった六郎の兄・隼右衛門利貞が戦死する。政府軍の勝利で会津戦争が終わる。

一八六九年（明治二）　八歳　明治政府は軍務官の厩舎付馬医を任命して、陸軍馬医とする。あわせて、軍事病院で騎兵馬医の教育を始める。

一八七〇年（明治三）　九歳　軍医の馬医教育が始まる。フランス陸軍にならって馬医制度も起こる。叔父の勇蔵が六郎の母・政子と六郎をともなって東京の神田鍋町へ上京する。

一八七一年（明治四）　一〇歳　六郎の将来を考えて旧会津藩士で医師の高橋修斎《しゅうさい》を訪ねる。

一八七二年（明治五）　一一歳　政府の招きによりフランスから騎兵大尉デシャルム、蹄鉄下士官ビュースートが来日する。軍医頭・松本順の勧めにより、深谷周三が陸軍馬医の養成を始める。

一八七三年（明治六）　一二歳　陸軍兵学寮に第一期馬医生徒が入学し、深谷周三が主任教官となる。陸軍軍医総監の松本順より病馬院設置の申請があり、陸軍馬医寮が開設される。フランスから装蹄教官が招かれる。

一八七四年（明治七）　一三歳　農事修学場が設置され、獣医学の教師を海外から招聘することになる。トゥルーズ獣医学校出身のフランス陸軍二等獣医（中尉）アウギュスト・アンゴーが招かれ、日本に西洋の科学的獣医学を伝える。

一八七五年（明治八）　一四歳　六郎は医学を志して、陸軍軍医総監・松本順の出張所、浅草今戸町の開業医・磐瀬《いわせ》玄策《げんさく》に弟子入りする。軍医になりたかったが、勧められて馬医になることを決意する。陸軍兵学寮第二舎で第二期馬医生徒の募集があり、入学試験を受けて合格、獣医学を学ぶ。

一八七六年（明治九）　一五歳　陸軍兵学寮は馬医生徒の募集を終了する一方、外国人教師たちが相

一八七七年（明治一〇）一六歳
次いで赴任する。農事修業場にはイギリスから獣医学教師のマクブライドが招かれ、札幌農学校にはアメリカから教育家のクラークが招かれた。
兵学寮第二舎は独立して馬医学舎となる。これがのちの陸軍獣医学校である。農事修業場が農学校に改称され、翌年には目黒の駒場野に移転する。これがのちの駒場農学校である。

一八七九年（明治一二）一八歳
第二期馬医生徒十名のうち成績優秀者四名が卒業する。首席はフランス学校出身の黒瀬貞次で、今泉は次席だった。二人は陸軍三等馬医生（伍長）、病馬厩課員となる。黒瀬は治療に専念し、今泉は事務を担当する。フランス留学の候補生となるが、翌年になって今泉は候補から外される。

一八八〇年（明治一三）一九歳
内務省の嘱託員となった今泉は、下総種畜場に派遣され、獣医養成のための教育をする。同時に、馬医学舎が閉鎖され、馬医の補充は駒場農学校に委託される。アンゴーがフランスに帰国する。

一八八一年（明治一四）二〇歳
駒場農学校のマクブライドの後任として、ベルリン獣医学校からヤンソンが来日する。動物病院を開いて西洋式の獣医臨床を教える。黒瀬貞次がフランスのトゥルーズ獣医学校に留学する。今泉は陸軍一八八三年（明治一六）二二歳　二等馬医生（軍曹）となって陸軍病馬厩で校務を担当する。

一八八四年（明治一七）二三歳　陸軍一等馬医生（曹長）に昇進する。軍備拡張により馬医生を士官に登用する制度ができ、馬医講習生となる。

一八八五年（明治一八）二四歳　馬医講習生を卒業し、陸軍三等獣医（少尉）となる。三月十九日、中台芳子《なかだいよしこ》と結婚する。馬医の名称が獣医に改称される。

一八八六年（明治一九）二五歳　陸軍病馬厩が廃止、騎兵局第三課が新設されて副課員となる。タブーラン『獣医薬物書』とブーク／ツーサン『獣医外科書』の翻訳を発表する。東京市牛込区市ヶ谷八幡町五番地に居住する。

一八八七年（明治二〇）二六歳　騎兵局第三課は総務局獣医課となる。獣医課長は深谷周三、今泉とフランス留学から帰国した黒瀬貞次が副課員となる。黒瀬が教育を担当し、今泉は校務を担当する。陸軍二等獣医（中尉）に昇進する。『家畜年齢図説』と『家畜衛生要論』を著わし、ショウヴホウ『獣医解剖書』を翻訳する。東京市小石川区小日向台《こひなただい》町三丁目一〇二番地に仮住まいする。

一八八八年（明治二一）二七歳　著書『獣医外科須知《しゅち》』と『馬牛解剖図説』を発表する。

一八八九年（明治二二）二八歳　陸軍乗馬学校の教官になる。

一八九〇年（明治二三）二九歳　ドイツ留学が決まり、ベルリン高等獣医学校でシュッツに学ぶ。軍務局獣医課が設置され、ドイツから蹄鉄工長を招く。ドイツ留学中に陸軍一等獣医（大尉）に昇進する。

一八九一年（明治二四）三〇歳　コッホの伝染病研究所へ移り、細菌学を学ぶ。その後、ドイツ各地の牧場を視察し、さらにミュンヘンに移って外科と内科の臨床を学ぶ。それからオーストリア＝ハンガリー、イタリアの陸軍獣医を視察する。

一八九三年（明治二六）三二歳　陸軍獣医学校が設置される。ヨーロッパの陸軍を視察した今泉は、ベルリンから日本に帰国する。代わって一等獣医（大尉）の柳沢銀蔵がベルギーのブリュッセル獣医学校へ留学する。帰国した今泉は、陸軍獣医学校の教官となり、ドイツの獣医学を伝える。

一八九四年（明治二七）三三歳　日清戦争が始まり、韓国へ出張する。帰国して近衛師団の獣医部長、陸軍獣医学校の校長代理を務める。

一八九五年（明治二八）三四歳　日清戦争が終わり、教育に専念する。日清戦争の功により勲五等瑞《ずい》宝章《ほうしょう》と金二百円を受け従六位となる。

一八九六年（明治二九）三五歳　陸軍獣医監（少佐）に任命され、陸軍獣医の筆頭に立つ。あわせて陸軍省軍務局馬政課員となり、獣医制度の政策を担当する。軍馬衛生会議が創設され、服務規程を制定、教育訓練を発布して、『馬政私議二篇』を起草する。このころ『大日本馬種略』を発表する。

一八九七年（明治三〇）三六歳　陸軍獣医団の機関誌『陸軍獣医事』が創刊される。

一八九九年（明治三二）三八歳　東京帝国大学より獣医学博士号が授与される。蹄鉄の装着がフランス式からドイツ式に変更される。

一九〇〇年（明治三三）三九歳　陸軍獣医学会が設立され、『陸軍獣医事』は学会機関誌となる。陸軍軍務局に獣医課をふたたび置くことになり、今泉は課長心得となる。会津の名士、山川健次郎、柴四朗とともに会津図書館共立会を設立する。

一九〇一年（明治三四）四〇歳　陸軍獣医の内村兵蔵がドイツに留学して軍馬衛生学を学ぶ。

一九〇二年（明治三五）四一歳　陸軍二等獣医正（中佐）となり、軍務局獣医課長に進む。東京市牛《うし》込区《ごめく》神楽《かぐら》坂《ざか》二丁目二五番地に居住する。

一九〇三年（明治三六）四二歳　会津図書館に蔵書二百四十七冊を寄贈する。獣医課はふたたび廃止され騎兵課に併合される。陸軍獣医学校へ転出し、第八代校長となる。

一九〇四年（明治三七）四三歳　日露戦争が始まり、陸軍獣医学校で戦時要員を養成する。

一九〇五年（明治三八）四四歳　日露戦争が終わり、陸軍一等獣医正（大佐）に昇進して、正六位勲四等を授与される。

一九〇七年（明治四〇）四六歳　自伝「余が半生の境遇」が『陸軍獣医事』に掲載される。

一九〇八年（明治四一）四七歳　陸軍に病馬廠《しょう》が設置され、病馬の収療、学生の教育、研究が強化される。

一九〇九年（明治四二）四八歳　陸軍獣医学校が東京府荏《え》原郡《ばらぐん》世《せ》田《た》谷村《がやむら》代田《よだ》に移転する。

一九一〇年（明治四三）四九歳　陸軍獣医学校を退職して予備役となる。従五位勲三等を授与される。

一九一一年（明治四四）五〇歳　中央衛生会委員を退任する。神奈川県足柄下郡《あしがらしもぐん》小田原町十字四丁目九二四番地（現在の小田原南町三丁目）に転居して、貸家住まいとなる。著書『純正畜産学講話』を発表し、会津図書館に寄贈する。

一九一四年（大正三）　五三歳　小田原中学校に蔵書百十八冊を寄贈する。第一次世界大戦が始まり、日本はドイツに宣戦布告して青島に出兵する。

一九一七年（大正六）　五六歳　娘婿の今泉幾三郎が陸軍獣医に任官する。

一九一八年（大正七）　五七歳　第一次世界大戦が終わる。神奈川県足柄下郡小田原町緑四丁目六三番地（現在の小田原市城山三丁目）に転居して、持ち家となる。

一九二〇年（大正九）　五九歳　ドイツ留学組の内村兵蔵が陸軍獣医監（少将）になる。陸軍獣医部の近代化に努め、のちに日本獣医師会を創設する。

一九二二年（大正一一）六一歳　小田原の今泉邸に二人組の強盗が入り、現金と物品を盗まれるという新聞記事が出る。

一九二三年（大正一二）六二歳
関東大震災により今泉邸が倒壊する。

一九三一年（昭和六）七〇歳
柳条湖《りゅうじょうこ》事件に始まる満州《まんしゅう》事変が起こる。

一九三二年（昭和七）七一歳
上海《しゃんはい》事変が起こる。六月三日、小田原の自宅で亡くなる。六郎の墓は東京都文京区春日の西岸寺《さいがんじ》にある。

一九三六年（昭和一一）
今泉常彦、真幸、幾三郎が会津の浄光寺《じょうこうじ》に今泉家の墓を建てる。

一九三七年（昭和一二）
盧《ろ》溝橋《こうきょう》事件を発端とする日中戦争が始まる。

一九三九年（昭和一四）
上海方面を担当する陸軍第十三軍が編成され、今泉幾三郎・獣医大佐が獣医部長となる。

一九四一年（昭和一六）
太平洋戦争が始まる。

一九四二年（昭和一七）
陸軍省軍務局に獣医課がふたたび設置される。

一九四五年（昭和二〇）
陸軍獣医学校が米軍の空襲により全焼する。獣医課を廃止して陸軍獣医学校の歴史を閉じる。太平洋戦争が終わる。

■資料

一　今泉六郎の著作と翻訳

1　著書

『家畜年齢図説』有隣堂、一八八七年。
『家畜衛生要論』有隣堂、一八八七年。
『獣医外科須知』有隣堂、一八八八年。
『馬牛解剖図説』有隣堂、一八八八年。
『大日本馬種略』陸軍乗馬学校、一八九六年。
『純正畜産学講話』有隣堂、一九一一年。

2　訳書

タブーラン『獣医薬物書』獣医書典出版義会、一八八六年。
ブーク／ツーサン『獣医外科書』獣医書典出版義会、一八八六年。

ショウヴホウ『獣医解剖書』獣医書典出版義会、一八八七年。

3　論文

「獣医ノ標準及獣医ト牧畜トノ関係ヲ論ズ」『大日本獣医会誌』第一八八五（一）号、一八八五年、一一－一九頁。

「獣医学ノ進化」『大日本獣医会誌』第一八八五（二）号、一八八五年、一－六頁。

「本会会誌第一号佐竹義晴氏ノ質疑ニ答」『大日本獣医会誌』第一八八五（三）号、一八八五年、二六－三〇頁。

「佐竹義晴氏質疑犬病答弁ノ続キ」『大日本獣医会誌』第一八八六（四）号、一八八六年、一六－二〇頁。

「日本馬種略」『大日本獣医会誌』第一八八六（九）号、一八八六年、一－二一頁。

「日本馬種略（前号ノ続キ）――第二編　沿革」『大日本獣医会誌』第一八八七（十）号、一八八七年、一〇－四〇頁。

「牛皮疸ノ説」『中央獣医会雑誌』第一（三）号、一八八八年、一九九－二〇九頁。

「獣医者ノ責任ヲ論シテ会員諸君ニ問フ」『中央獣医会雑誌』第二（一）号、一八八九年、一－九頁。

「HB氏ノ説ニ準拠シ伝染病ノ大意ヲ述ブ」『中央獣医会雑誌』第二（三）号、一八八九年、一一六－一二八頁。

「日本馬種略（承前）」『中央獣医会雑誌』第二（三）号、一八八九年、一八九－二〇九頁。

「HB氏ノ説ニ準拠シ伝染病ノ大意ヲ述ブ（続キ）」『中央獣医会雑誌』第二（四）号、一八八九年、二五九－二六六頁。

「カギー氏ノ帝列民精ヲ皮下ニ注射スル事ニ関スル説ニ就テ」『陸軍獣医志叢』第二号、一八八九年、一三－一七頁。

「伝染病ノ観察史ヲ各略述シテ微菌学ト治療学ノ関係ニ及ブ」『陸軍獣医志叢』第二号、一八八九年、三二－三九頁。

「我カ砲兵ニ適用スベキ駕馬ノ輓力」『陸軍獣医志叢』第三号、一八八九年、一－一八頁。

「馬食ノ大意」『偕行社記事』第二十三号、一八八九年、一－八頁。

「馬ノ疲労及ヒ其結果ニ就テ」『偕行社記事』第二十六号、一八八九年、九－一三頁。

「胸疫」『中央獣医会雑誌』第七（三）号、一八九四年、五－三〇頁。

「獣医学ノ三遷」『中央獣医会雑誌』第七（四）号、一八九四年、一四－一八頁。

「泰西獣医学ノ来歴」『関東獣医集談会報告』関東獣医集談会、一八九四年、一四－二四頁。

「腰労ノ通義」『陸軍獣医事』第九号、一八九七年、六三五－六四一頁。

「我馬種の改良ニ就テ」『陸軍獣医事』第七十九号、一九〇三年、一－六頁。

「馬匹露天繋留試験成績ヲ読ム」『偕行社記事』第三四一号、一九〇六年、三－五頁。

「馬匹と獣医の改良は孰れを前後に為すべきか」『馬匹世界』第四年十一月号、一九一〇年、一四－

一六頁。

4　論説

「余が半生の境遇」『陸軍獣医事』第百号臨時増刊、一九〇七年、一一三〇頁。

「井上国貞一派」『刀剣』戊申第二集、一九〇八年、二一－二三頁。

「忠吉一派に就て――高崎刀剣会の席上に於ける講話の大意」『刀剣』戊申第四集、一九〇八年、五五－五六頁。

「我が陸軍の軍馬」『学生』第四巻第十一号、一九一三年、四七－五五頁。

「節操の枯渇」『会津会会報』第十八号、一九二一年、三－四頁。

二　今泉六郎の寄贈図書（小田原中学校）

1　134: Immanuel Kant, Prolegomena zu einer jeden künftigen Metaphysik, 2. Auflage, hrsg. von Julius Hermann von Kirchmann, Leipzig: Koschny, 1876.（イマヌエル・カント『将来の形而上学への序論』第二版、ユリウス・ヘルマン・フォン・キルヒマン編、ライプツィヒ、コシュニィ書店、一八七六年、小田原高等学校同窓会所蔵、図書カードあり）。

2　150: Wilhelm Wundt: Ethik. Eine Untersuchung der Thatsachen und Gesetze des sittlichen Lebens, Stuttgart: Enke, 1892.（ヴィルヘルム・ヴント『倫理学――道徳的生活の事実と規範の

研究』シュトゥットガルト、エンケ書店、一八九二年、小田原高等学校同窓会所蔵、上田萬年の書き込みあり、図書カードあり）。

3　Georg Wilhelm Friedrich Hegel, Differenz des Fichte'schen und Schelling'schen Systems der Philosophie, Jena: Seidler, 1801.（ゲオルグ・ヴィルヘルム・フリードリヒ・ヘーゲル『フィヒテとシェリングの哲学体系の差異』イェーナ、ザイトラー書店、一八〇一年、廃棄処分）。

4　Johann Gottfried Herder: Propyläen der Geschichte der Menschheit, Tübingen: Cotta, 1805.（ヨハン・ゴットフリート・ヘルダー『人類史入門』テュービンゲン、コッタ書店、一八〇五年、所蔵不明）。

5　Friedrich Kirchner: Katechismus der Geschichte der Philosophie. Von Thales bis zur Gegenwart, 2. Auflage, Leipzig: Weber, 1884.（フリードリヒ・キルヒナー『哲学史の教本――タレスから現代まで』第二版、ライプツィヒ、ヴェーバー書店、一八八四年、小田原高等学校同窓会所蔵）。

6　David Hume: Eine Untersuchung in betreff des menschlichen Verstandes, hrsg. von Julius Hermann von Kirchmann, Leipzig: Koschny, 1880.（デイビッド・ヒューム『人間知性の研究』ユリウス・ヘルマン・フォン・キルヒマン編、ライプツィヒ、コシュニィ書店、一八八〇年、所蔵不明）。

7　Balfour Stewart: Die Erhaltung der Energie. Das Grundgesetz der heutigen Naturlehre,

Leipzig: Brockhaus, 1875.（バルフォー・スチュワート『エネルギー保存――現代物理学の法則』、ライプツィヒ、ブロックハウス社、一八七五年、所蔵不明）。

8　426: Rudolf Clausius: Die mechanische Wärmetheorie, 2. Auflage, Braunschweig: Vieweg, 1876.（ルドルフ・クラウジウス『熱理論』第二版、ブラウンシュヴァイク、フィーベック書店、一八七六年、小田原高等学校同窓会所蔵、シュルツェ書店のシールあり）。

9　480: Oscar Schmidt, Deszendenzlehre und Darwinismus, Leipzig: Brockhaus, 1884.（オスカー・シュミット『進化論とダーウィン主義』ライプツィヒ、ブロックハウス社、一八八四年、小田原高等学校同窓会所蔵、今泉六郎の欧文サインあり）。

10　Eduard Raschig: Selbsterkenntnis nach wissenschaftlichen Principien, nebst einer offenen Frage an die Gebildeten unserer Zeit, Leipzig: Barth, 1882.（エドゥアルト・ラシッヒ『学問原理に従った自己認識――今日の教養人への公開質問』ライプツィヒ、バルト書店、一八八二年、所蔵不明）。

三　今泉六郎の寄贈図書（会津図書館）

1　307/01: Handwörterbuch der Chemie und Physik, Bd. 1: A-E, Berlin: Simion, 1842.（『理化学事典』第一巻、A－E、ベルリン、ジミオン書店、一八四二年）。

2　307/02: Handwörterbuch der Chemie und Physik, Bd. 2: F-K, Berlin: Simion, 1845.（『理化学

事典』第二巻、F－K、ベルリン、ジミオン書店、一八四五年）。

3　307/03: Handwörterbuch der Chemie und Physik, Bd. 3: L-Z, Berlin: Simion, 1850.（『理化学事典』第三巻、L－Z、ベルリン、ジミオン書店、一八五〇年）。

4　309: Moritz Wilhelm Drobisch: Neue Darstellung der Logik nach ihren einfachsten Verhältnissen. Nebst einem logisch-mathematischen Anhange, Leipzig, 1836.（モーリッツ・ヴィルヘルム・ドロヴィッシュ『論理学のもっとも簡略な新叙述――論理数学付き』ライプツィヒ、一八三六年。寄贈印なし）。

5　310: Eduard Rindfleisch: Die Elemente der Pathologie. Ein natürlicher Grundriss der wissenschaftlichen Medicin. Leipzig: Engelmann, 1883.（エドゥアルト・リントフライッシュ『病理学入門――科学的医学の自然概説』ライプツィヒ、エンゲルマン書店、一八八三年。一九三九年九月に不明、一九七二年十一月十八日に亡失のため除籍）。

6　311: Robert Hue de Grais: Handbuch der Verfassung und Verwaltung in Preussen und dem deutschen Reiche, Berlin, 1890.（ローベルト・ユー＝ドゥ＝グレース『プロイセンとドイツ帝国の憲法・行政法必携』ベルリン、一八九〇年。図書原簿には今泉寄贈とあるが、資料には石塚英蔵寄贈とある）。

7　312: La Bruyère: Caractères suivis des Caractères de Théophraste, traduits de grec par La Bruyère, Paris: Didot, 1869.（ラ・ブリュイエール『人さまざま――テオフラストス『人さまざ

ま』ラ・ブリュイエール訳に付して』パリ、ディド書店、一八六九年)。

8　364:(独文)『牧畜ニ関スル雑誌合本』(不明、登録データなし)。

9　379/01: Jöns Jakob Berzelius: Lehrbuch der Chemie, Bd. 1, Dresden/Leipzig: Arnold, 1833.(イェンス・ヤコブ・ベルセリウス『化学教本』第一巻、ドレスデン/ライプツィヒ、アーノルド書店、一八三三年。ジーベルト書店のシールあり)。

10　379/02: Jöns Jakob Berzelius: Lehrbuch der Chemie, Bd. 2, Dresden/Leipzig: Arnold, 1833.(イェンス・ヤコブ・ベルセリウス『化学教本』第二巻、ドレスデン/ライプツィヒ、アーノルド書店、一八三三年)。

11　379/03: Jöns Jakob Berzelius: Lehrbuch der Chemie, Bd. 3, Dresden/Leipzig: Arnold, 1834.(イェンス・ヤコブ・ベルセリウス『化学教本』第三巻、ドレスデン/ライプツィヒ、アーノルド書店、一八三四年)。

12　379/04: Jöns Jakob Berzelius: Lehrbuch der Chemie, Bd. 4, Dresden/Leipzig: Arnold, 1835.(イェンス・ヤコブ・ベルセリウス『化学教本』第四巻、ドレスデン/ライプツィヒ、アーノルド書店、一八三五年)。

13　379/05: Jöns Jakob Berzelius: Lehrbuch der Chemie, Bd. 5, Dresden/Leipzig: Arnold, 1835.(イェンス・ヤコブ・ベルセリウス『化学教本』第五巻、ドレスデン/ライプツィヒ、アーノルド書店、一八三五年)。

14　79/06: Jöns Jakob Berzelius: Lehrbuch der Chemie, Bd. 6, Dresden/Leipzig: Arnold, 1837.（イェンス・ヤコブ・ベルセリウス『化学教本』第六巻、ドレスデン／ライプツィヒ、アーノルド書店、一八三七年）。

15　379/07: Jöns Jakob Berzelius: Lehrbuch der Chemie, Bd. 7, Dresden/Leipzig: Arnold, 1838.（イェンス・ヤコブ・ベルセリウス『化学教本』第七巻、ドレスデン／ライプツィヒ、アーノルド書店、一八三八年）。

16　379/08: Jöns Jakob Berzelius: Lehrbuch der Chemie, Bd. 8, Dresden/Leipzig: Arnold, 1839.（イェンス・ヤコブ・ベルセリウス『化学教本』第八巻、ドレスデン／ライプツィヒ、アーノルド書店、一八三九年）。

17　379/09: Jöns Jakob Berzelius: Lehrbuch der Chemie, Bd. 9, Dresden/Leipzig: Arnold, 1840.（イェンス・ヤコブ・ベルセリウス『化学教本』第九巻、ドレスデン／ライプツィヒ、アーノルド書店、一八四〇年）。

18　379/10: Jöns Jakob Berzelius: Lehrbuch der Chemie, Bd. 10, Dresden/Leipzig: Arnold, 1844.（イェンス・ヤコブ・ベルセリウス『化学教本』第十巻、ドレスデン／ライプツィヒ、アーノルド書店、一八四四年）。

19　379/11: Johann Gottlieb Koppe: Unterricht im Ackerbau und in der Viehzucht. Anleitung zu einem vortheilhaften Betriebe der Landwirtschaft, Berlin: Wiegandt, 1873.（ヨハン・ゴットリー

プ・コッペ『農耕と牧畜の教本——農業の効率的な経営への手引き』ベルリン、ヴィーガント書店、一八七三年）。

20　380: Augustin Privat-Deschanel: Traité élémentaire de physique, Paris: Hachette, 1869.（オギュスタン・プリヴァ＝デシャネル『物理学の基礎』パリ、アシェット書店、一八六九年）。

21　81/01: Gottfried Reinhold Treviranus: Biologie, oder Philosophie der lebenden Natur für Naturforscher und Aerzte, Bd. 1, Göttingen: Röwer, 1802.（ゴットフリート・ラインホルト・トレヴィラヌス『生物学——自然科学者と医師のための生命ある自然の哲学』第一巻、ゲッティンゲン、レーヴァー書店、一八〇二年）。

22　381/02: Gottfried Reinhold Treviranus: Biologie, oder Philosophie der lebenden Natur für Naturforscher und Aerzte, Bd. 2, Göttingen: Röwer, 1803.（ゴットフリート・ラインホルト・トレヴィラヌス『生物学——自然科学者と医師のための生命ある自然の哲学』第二巻、ゲッティンゲン、レーヴァー書店、一八〇三年）。

23　381/03: Gottfried Reinhold Treviranus: Biologie, oder Philosophie der lebenden Natur für Naturforscher und Aerzte, Bd. 3, Göttingen: Röwer, 1803.（ゴットフリート・ラインホルト・トレヴィラヌス『生物学——自然科学者と医師のための生命ある自然の哲学』第三巻、ゲッティンゲン、レーヴァー書店、一八〇三年）。

24　381/04: Gottfried Reinhold Treviranus: Biologie, oder Philosophie der lebenden Natur für

Naturforscher und Aerzte, Bd. 4, Göttingen: Röwer, 1804.（ゴットフリート・ラインホルト・トレヴィラヌス『生物学――自然科学者と医師のための生命ある自然の哲学』第四巻、ゲッティンゲン、レーヴァー書店、一八〇四年）。

25　381/05: Gottfried Reinhold Treviranus: Biologie, oder Philosophie der lebenden Natur für Naturforscher und Aerzte, Bd. 5, Göttingen: Röwer, 1818.（ゴットフリート・ラインホルト・トレヴィラヌス『生物学――自然科学者と医師のための生命ある自然の哲学』第五巻、ゲッティンゲン、レーヴァー書店、一八一八年）。

26　381/06: Gottfried Reinhold Treviranus: Biologie, oder Philosophie der lebenden Natur für Naturforscher und Aerzte, Bd. 6, Göttingen: Röwer, 1822.（ゴットフリート・ラインホルト・トレヴィラヌス『生物学――自然科学者と医師のための生命ある自然の哲学』第六巻、ゲッティンゲン、レーヴァー書店、一八二二年）。

27　400: Karl Rosenkranz: System der Wissenschaft. Ein philosophisches Encheiridion, Königsberg: Bornträger, 1830.（カール・ローゼンクランツ『学問の体系――哲学ハンドブック』ケーニヒスベルク、ボルントレーガー書店、一八三〇年）。

28　401: Immanuel Kant: Grundlegung zur Metaphysik der Sitten, Riga: Hartknoch, 1785.（イマヌエル・カント『人倫の形而上学の基礎づけ』リーガ、ハルトクノッホ書店、一七八五年）。

29　402: Friedrich Heinrich Jacobi: David Hume über den Glauben, oder Idealismus und

Realismus. Ein Gespräch, Breslau: Gottl. Loewe, 1787.（フリードリヒ・ハインリヒ・ヤコービ『デイビッド・ヒュームの信念について――観念論と実在論、ひとつの会話』ブレスラウ、レーヴェ書店、一七八七年）。

30　403: C. Turretin: Der Wiesenbau. Nach der neuen Methode des Hofbesitzers A. Petersen in Wittkiel in Angeln theoretisch und practisch dargestellt, Schleswig: Heiberg, 1864.（Ｃ・トゥレッティン『牧草栽培――アンゲルンのヴィトキールの農場主Ａ・ペーターゼンの新しい方法による、理論的で実践的な叙述』シュレスヴィヒ、ハイベルク書店、一八六四年）。

31　404: Justus Liebig: Naturwissenschaftliche Briefe über die moderne Landwirtschaft, Leipzig/Heidelberg: Winter, 1859.（ユストゥス・リービッヒ『近代農業についての自然科学的書簡』ライプツィヒ／ハイデルベルク、ヴィンター書店、一八五九年）。

32　405: Otto Volger: Erde und Ewigkeit. Die natürliche Geschichte der Erde als kreisender Entwicklungsgang im Gegensatze zur naturwidrigen Geologie der Revolutionen und Katastrophen, Hamm: Grote, 1857.（オットー・フォルガー『大地と永遠――不自然な変革と変動の地質学に対して循環する大地の自然史』ハム、グローテ書店、一八五七年）。

33　406: Johann Gottfried Herder: Seele und Gott, Wien: Haas, 1813.（ヨハン・ゴットフリート・ヘルダー『魂と神』ウィーン、ハース書店、一八一三年）。

34　407/1.2: Hans Christian Örsted: Der Geist in der Natur, Bd. 1/2, Sondershausen: Neuse, 1856.

（ハンス・クリスチャン・エルステッド『自然における精神』第一巻・第二巻、ゾンダースハウゼン、ノイゼ書店、一八五六年。ジーベルト書店のシールあり）。

35　407/3.4: Hans Christian Örsted: Der Geist in der Natur, Bd. 3/4, Sondershausen: Neuse, 1856.（ハンス・クリスチャン・エルステッド『自然における精神』第三巻・第四巻、ゾンダースハウゼン、ノイゼ書店、一八五六年）。

36　408: Immanuel Kant: Sämtliche kleine Schriften, nach der Zeitfolge geordnet, Bd. 1, Königsberg/Leipzig, 1797.（イマヌエル・カント『小著作集——年代順』第一巻、ケーニヒスベルク／ライプツィヒ、一七九七年）。

■参考文献

一　今泉六郎について

「今泉君之消息」『陸軍獣医志叢』第二十三号、陸軍獣医会、一八九一年、二四〇－二四一頁。

「獣医監従六位勲五等今泉六郎」蓮沼義意編『福島県従軍者名誉録』福島県従軍者表彰会、一八九七年、一九－二〇頁。

「獣医学博士今泉六郎君」日本力行会出版部編『現今日本名家列伝』日本力行会出版部、一九〇三年、四〇－四一頁。

「獣医界の怪傑獣医学博士今泉六郎君伝」『馬匹世界』第五年十一月号、帝国馬匹研究会、一九一一年、一二三頁。

「今泉六郎君」時事通信社編輯局編『福島県人名辞典1』時事通信社、一九一四年、一七頁。

「今泉六郎」神翁顕彰会編『続日本馬政史』第三巻、神翁顕彰会、一九六三年、一二四頁。

「今泉六郎」福島県編『福島県史』第二十二巻、福島県、一九七二年、七一頁。

「今泉六郎」野口信一編『会津人物文献目録』歴史春秋社、一九八〇年、四四頁。

「今泉六郎」野口信一編『会津人物文献目録2』歴史春秋社、一九九二年、三九頁。

「今泉六郎」寺塚晃・石島利男編『幕末明治期海外渡航者人物情報事典』雄松堂書店、二〇〇三年。

「今泉六郎」日本獣医学人名事典編纂委員会編『日本獣医学人名事典』日本獣医史学会、二〇〇七年、二八頁。

二　今泉家について

「今泉孫惣利武系譜」『諸士系譜』一八三三年、巻二十、い之二十、一〇九－一五三頁。

『御近習分限帳』(文久元年から二年の会津藩士の名簿)、二四頁。

会津郷土資料研究所編『慶應年間会津藩士人名録』勉強堂書店、一九九二年、一七三頁。

芳賀幸雄編『要略会津藩諸士系譜』(上巻)歴史春秋社、一九九七年、一一七－一一八頁。

「幕末会津藩往復文書」(下巻)『会津若松市史』(史料編Ⅱ)二〇〇〇年、二九六、三二八頁。

「明治戊辰殉難名簿」『会津戊辰戦史』(復刻版)マツノ書店、二〇〇三年、一〇頁。

今泉真幸校編、今泉俊昭訓解、吉野忠記『今泉岫雲遺稿』私家版、二〇一三年、五七七－五八一頁。

三　陸軍獣医部について

中島三夫『陸軍獣医学校』陸軍獣医の記録を残す会、一九九六年。

日本陸軍獣医部史編集委員会編『日本陸軍獣医部史』紫陽会、二〇〇〇年。

四　ヘーゲルについて

ヘーゲル『フィヒテとシェリングの哲学体系の差異』一八〇一年。(Georg Wilhelm Friedrich Hegel, Differenz des Fichte'schen und Schelling'schen Systems der Philosophie, Jena: Seidler, 1801.)

『エアランゲン文芸新聞』第四十六号・第四十七号・第四十八号、一八〇二年六月九日・十一日・十四日。(Litteratur-Zeitung Erlangen, hrsg. von Johann Georg Meusel, Erlangen: Walther, 1799-1802.)

五　ヤコービについて

ヤコービ『デイビッド・ヒュームの信念について――観念論と実在論』一七八七年。(Friedrich Heinrich Jacobi: David Hume über den Glauben, oder Idealismus und Realismus. Ein Gespräch, Breslau: Loewe, 1787.)

六　小田原中学校・高等学校について

神奈川県立小田原中学校『寄附物件ニ関スル書類』(自明治四十五年)。

神奈川県立小田原高等学校『図書原簿』一九四八年。

神奈川県立小田原高等学校創立百周年記念事業実行委員会百年史編集委員会編『小田原高等学校百

年の歩み』（通史編・資料編）、二〇〇二年。

「小田原高等学校百周年から十年の歩み」編集委員会編『創立明治三十三年（一九〇〇）小田原高等学校百周年から十年の歩み』二〇一二年。

大沼晴暉「神奈川県立小田原高等学校和漢書目録」『斯道文庫論集』第四十輯、二〇〇五年。

七　会津図書館について

福島県若松市立会津図書館『若松市立会津図書館一覧』（自明治四十二年）、一九一〇年。

福島県若松市立会津図書館『図書原簿』第六十五号。

上野格「東海散士（柴四朗）の蔵書――明治初期経済学導入史の一駒」『成城大学経済研究』第六十四号、一九七九年。

あとがき

本書は、昨年末に新聞各紙で報道された「ヘーゲル自筆書き込み本の発見」についての記事をもとに、その後、いくつかの雑誌に発表してきた論文をまとめたものである。本書を作成するにあたっては、多くの方から貴重な情報を提供していただいた。記して感謝の意を表したい。

まず、今泉六郎については、ご令孫の今泉奉《すすむ》・昭子ご夫妻よりお話をうかがうことができた。小田原高等学校での資料調査の帰りに、大正十一年の新聞記事をたよりに旧・今泉邸を探してみたところ、かつてと同じ場所に「今泉」の表札を見つけた。ヘーゲルの自筆本を発見したときと同じ驚きがあったが、もっと早く探し当てるべきであった。今泉奉氏が本年一月に亡くなられたのは誠に残念でならない。

今泉家の家系図については、小田原の今泉家と、六郎の叔父（岫雲《しゅううん》）の系列にあたる京都の今泉家ならびに福岡の旧・今泉家から、資料を提供していただいた。とりわけ本書の執筆のために、岫雲のご子孫にあたる今泉晴子氏と吉野忠記《ただき》・(今泉)綾子ご夫妻から、今泉家に伝わる貴重な資料『今泉家譜』と『今泉家系図』を拝見させていただいた。

小田原中学校に寄贈された「今泉博士寄贈図書」が今泉六郎・獣医学博士のものであることは、小田原高等学校同窓会資料委員会の仮野慎一氏より教えていただいた。当初は、ドイツのフライベルクとベルリンの鉱山学校に留学していた「近代産業の父」今泉嘉一郎・工学博士ではないかと思っていたが、そうではなかった。

会津図書館にある今泉六郎寄贈図書の閲覧と撮影にあたっては、同館の森尚子氏から全面的な協力を得た。今泉家と六郎についての資料の多くは、今泉六郎が設立に関わり、みずからの蔵書を寄贈した会津図書館に、今でも大切に保管されている。

ヘーゲルの自筆本については、まずは田村書店の奥平禎男氏に入手の経緯を詳しくうかがい、ついで東京都古書籍商業協同組合広報課の大場奈穂子氏に東京洋書会の入札データを調べていただいた。その後、このデータに基づいて、西村文生堂書店の西村康樹氏と、訪書堂書店(訪文堂書店)の若松賢次氏に本の入手経路についてうかがうことができた。

ヘーゲルの『差異論文』への書き込みは、ボーフム大学ヘーゲル文庫所長のヴァルター・イェシュケ氏が転写したものを、『エアランゲン文芸新聞』の批評と照らし合わせて訂正した。

新聞に発表された書評を書き写したものなので、きれいに書かれている。筆跡がヘーゲル自身のものであることは、筆者の推定をイェシュケ氏が確定した。

ヤコービの『デイビッド・ヒューム』への書き込みは、ブレーメンにあるトランスクリプト社のザビーネ・レーンテ氏が転写したものである。メモ風に書き留めたものであるため、はっきりしない文字が多い。また、見返しには会津図書館の蔵書シールが貼られ、そのうえ角は切り取られているので判読できない箇所が多かった。

以上がこれまでの調査によって判明したことのすべてである。ヘーゲルの『差異論文』が廃棄されるにいたった事情は、小田原高等学校での調査が十分にできなかったため、残念ながら不明である。なお、ヘーゲル本が廃棄されたことの持つ意味は、田村書店の高橋麻帆氏による解説「本が廃棄されること――ヘーゲル自筆書き込み本発見の場に居合わせて」（初出『十三日会』第四十号、二〇一五年四月）を参照されたい。

平成二十七年　冬

寄川条路

解説　本が廃棄されること
――ヘーゲル自筆書き込み本発見の場に居合わせて――

高橋麻帆

昨年七月、神保町の古書店田村書店で、ヘーゲルの書き込みのある本が発見されて話題になった。新聞等でご存知の方も多いと思うが、発見者はヘーゲル研究者の寄川条路さん。ヘーゲル研究第一人者オットー・ペゲラーの元で学ばれ、ドイツのヘーゲル文庫で研究されていた経験をお持ちの方である。ヘーゲル文庫では、歳を重ねるにつれて変化していくヘーゲルの筆跡を、時期を分けて専門的に研究しているという。発見された本の中のヘーゲルの筆跡がまた、まさに寄川さんのご専門の年代のものでもあった。本は求める人のところへ向かうという説は、本を愛する人には納得できる話だが、今回もまさしくそうした現象が起こったのだ。私は、田村書店の一員として、発見の一部始終を目撃するという幸運にめぐまれ、人生で、このような世紀の発見にもう一度出会うことがあるだろうか、という感慨に耽ることがある。とはいえ、古書店にいると、日々、この種の小さな発見が意外とたくさんあるのだが、このことはまた別の機会としたい。

一　廃棄されたヘーゲル自筆書き込み本

ヘーゲル自筆書き込み本（以下、ヘーゲル本と記す）は、公共の学校の図書館に所蔵されていたものであった。本の見返し部分に「神奈川県立小田原中学校蔵書」（現在の小田原高校）と朱で押された蔵書印があり、見返しには「今泉博士寄贈」と記されていた。ということは、旧制小田原中学校の前にその本を所有していたのは、「今泉博士」となる。寄川さんが大変な熱意を持って、この旧蔵者「今泉博士」のことを調べられ、ヘーゲル本の来歴が明らかになりつつある。博士はドイツに留学経験を持つ人物であるらしい。詳しくは近々ドイツで発行される年報『ヘーゲル研究』に発表されるようだ。ドイツの研究者も、ヘーゲルの書き込みのある本が日本で発見されたという事実に加えて、戦前にドイツからそのような本を持ち帰ったひとりの日本人の物語を興味深く思うに違いない。

このヘーゲル本は、田村書店店主が「市」と呼ばれる業者交換会で手に入れたものであった。この業者交換会とは、神田の古書会館で平日毎日開催されている古書業者同士の売り買いの場である。売り手は知らされず、買い手は気に入った品があれば、競り落とすしくみ。海外のサザビーズやクリスティーズ、ドゥルオー、パッサンジュといったオークションと同じものに当たるが、日本では参加できるのは業者に限られている。

なぜ公立の学校が所有していた本が業者交換会に出されたのか、という疑問をお持ちの方もおいでだろう。だが、決して盗品であったわけではない。いかに大きな施設であれ図書館の収蔵量が限られているから、不要と思われる本を廃棄し、あらたに本を購入することはよくある。例えば、ある本の状態が悪ければ、より状態の良いものに買いかえることもあるだろう。いずれにせよこのヘーゲル本も、旧制小田原中学校あるいは小田原高校が蔵書を整理し、「廃棄本」としたものであったのだ。その見返しには、「廃棄分」と墨で書き込まれているのである。廃棄から半世紀を超えて残っていたのは、奇跡に近いのではなかろうか。

この度、忘れられた歴史を寄川さんが掘り起こされたことで、小田原高校は、なぜそのような価値のある本を「廃棄」してしまったのかと、人々の批判の目にさらされることになった。でも、日本の現状では、この学校のみを責めることは出来ないだろう。というのは、私は古書業界に、身を置いたばかりの初心者に過ぎないが、以下に記すような体験をしているから。といっても、ここには業界での噂も多分に含まれているので、公の図書館などにお勤めの方の現場からのご意見ご反論をぜひお願いしたいと思っている。

二　本の保存の仲介者としての古書業者

古書業者にとって最も大事なことは、本の状態の良し悪しを見極める能力である。目録の中で本の状態について的確に記すことができなければ、良い古書店とは言えない。何十年何百年の時を経てまっさらのような状態で保存されている本には絶大な敬意が払われ、格段に高い値段を付けても良いとされる。古い本がより良い状態で保存されることこそ、古書業界が目指すことであり、古書業者はそういう保存の優れた仲介者でなければならない。

だからといって状態の悪い本がまったく差別されて扱われるわけでもない。古書の達人たちは、限られた人生の時間、それぞれの懐具合と相談して、より多くの本を手に取る体験を貪欲に求め、状態の悪い本も良い本と同様の愛情を持って取り上げる。古書業者も、客のそういった本への愛情を信じ、本を捨てないように極力骨折るのである。

では、本の状態の悪さとはどのようなことを言うのだろうか。まずは、擦れ、裂け、破れ、切り取りといった傷、そしてシミや茶バミ、読み汚れと呼ばれる頁をめくった痕跡あるいは指紋の跡である。また旧蔵者は、本への所有欲を蔵書印や蔵書票、署名などによって表し、メモを書き込み、線を引いたりする。それらの痕跡も、状態の悪さにカウントされる。ただし、ヘーゲル本の場合のように、旧蔵者が著名人であったり、蔵書票の作成者が有名である場合、あるいはそこに特別な様式や時代傾向が読み取れるものは、これらの欠点が長所に転ずる。

三　図書館旧蔵本は古書業者に嫌われる

つまり本を破壊することとは、古書業者が最も避けたいことなのである。だから、公の機関が蔵印を押し、ラベルを貼る行為も、破壊のひとつとみなされる。図書館旧蔵本や大学教員が公費で購入した本は、見返しや標題頁に蔵印が押され、多くはそのジャケットや函を取り去られて、背に収蔵機関のラベルが貼付けられている。その姿は残念ながら本来の状態からは、ほど遠い。なかでも、公の機関名が刻印された本は、茶バミがあるとかシミがあるとか破れがあるといったレベルをはるかに超えた状態の悪さに位置づけられている。お客は、その種の本を避けるため、売り物にならないのだ。

古書業者は、自分が以前に売った古書が市場（業者交換会）に帰ってくることを待っている。現在ではほとんどの古書店が消極的、もしくは回避し、すっかり珍しい業務になってしまったが、古書店の大事な仕事は売る事だけでなく、買い戻しなのである。買い戻しを大切にしている店は、けっして法外な値段で本を価値づけることがない。値付けは、常に買い戻す際のことを考えて行なわれる。そして、「おかえりなさい。さあ次にこの本を大切にしてくれるお客を探してやろう」という意欲で、本を迎え入れているのだ。しかし、公の機関の旧蔵印を見ただけで、その意欲をほとんど喪失してしまう。

じつは、問題のヘーゲル本も、その旧蔵印と「廃棄」の書き込みゆえに業者を困らせた存在であった。その本の風格には誰もが気付いていたが、旧蔵印と廃棄の印によって避忌された。そこを田村書店の店主が拾い上げたのである。そして商品にするべく、「廃棄分」の墨書きは紙やすりで削り取られた。ただし、消される前の「廃棄分」の文字を写した写真一枚が添えられ、誂え函が作られて、次のデータが記された。

（独）フィヒテとシェリングの哲学大系の差異　ヘーゲル著　初版　イエナ、ザイトラー発行、1801年
200×115mm、厚紙当時装偵、表紙烈しく擦れ、図書館旧蔵本、大朱印三カ所に有り、献呈墨筆あり、表見返しに当時の書入れ、本文中にミスプリント訂正二語あり、後函入り。ヘーゲル最初の哲学書。

このデータとともに、扉頁、「当時の書き入れ」の頁の写真が田村書店のウェブサイトに載せられた。数ヶ月後、これを偶然、寄川さんが目にされることとなった。

四　本の焼却の噂

これまで、「旧蔵本（廃棄本）」がいかに古書業界で忌避され、ヘーゲル本もまさにその種の本であることを述べてきたが、古書業界と公の機関は親しいようで親しくないという複雑な関係にあるのである。

さらに、次のようなひどい噂まで囁かれている。「公の機関では整理のため大量の本が捨てられている」と。これは、公費で購入された本で商売をしてはならないという考えからだという。また、寄贈本については、古本屋で見つかったら遺族に申し訳がない、文句を言われるかもしれないという理由で、なおさら市場に出せない。日々焼却炉に入れられているというのである。

そうしたわけで、古書業界では、公の機関には本は売りたくないという考え方が根強い。「そこは本の墓場だ」と。公の機関にお勤めの方、本を買って文化財を守っていると思ったら大間違いですよ。業者は腹の内では生活のためには仕方ないと思って売っているかもしれないのだ。

そして、本を寄贈してほっと一安心している方々は、次の点も考えてみるべきなのではないだろうか。寄贈先の機関が別の組織に姿を変えたときどうなるのかと。まず、どこのだれが寄贈したのかということが引き継がれなくなる。受け入れ原簿が処分されてしまえば、なぜその本がそこにあるのかという点が現職員に見えなくなる。例えば、旧制小田原中学校が小田原高校に姿を変える前後には、「今泉博士」のことが忘れられてしまったのかもしれない。幸運にも、受け入れ原簿が残されていたので、寄川さんの調査が可能となったのだ。

この受け入れ原簿の有無について、私にも経験がある。つい最近まで、一九二〇年頃のドイツの雑誌の日本への受け入れ状況を調べていたのだが、大学はもとより国会図書館といった日本を代表する公の機関からも、受け入れ原簿を公開出来ないと言われて唖然としたことがある。だが、このことで職員の方を責める事は出来ない。問題は、日本ではそのような受け入れをうやむやにする体制になってしまっているということなのである。

「今泉博士」のヘーゲル本が廃棄されてしまったことは、決して稀な例ではないのだ。

五　海外の事情

それでは海外、とくに欧米の事情はどうなのだろうか。本が廃棄されるということは、海外の図書館でもよくあること。日本と異なるのは、海外ではこういう本がしょっちゅう古書店に売りに出される点にある。インターネットの古書サイトを見れば、exlibrary という表現によく出くわすだろう。さらに詳しく記述する場合は、図書館印やラベルがどこにあるかということが客に伝わるようになっている。イギリスには、図書館旧蔵本ばかり扱う本屋があり、連日客でにぎわっていると聞く。アメリカの図書館は旧蔵本を売ったお金であらたに図書を購入している。このように、欧米では旧蔵印のある本が敬遠される日本とは幾分事情が異なるようだ。
また、日本では業者しか参加できない「市」＝オークションが、欧米では公開されているという点が大きな違いであろう。

ここに述べてきた「本を廃棄する」行為は、政治的な「焚書」とは言えないだろう。でも公の機関の本の扱いは、私にはやはり「焚書」を連想させ、負のイメージを抱かせる。ハイネは戯曲『アルマンゾル』の中で、「本が焼かれるところでは最後には人も焼かれる」と述べた。この言葉は、ベルリンのフンボルト大学前のベーベル広場の記念碑に刻印されている。この広場でナチスが焚書を行なったからである。ヘーゲル本を手に入れた今泉博士もフンボルト大学に留学していた。寄川さんは、なんと今泉博士がヘーゲル本を購入した古書店までもつきとめたという。ベーベル広場のすぐ近くらしい。

著者紹介

寄川条路（よりかわ・じょうじ）
1961年、福岡県生まれ。ボーフム大学大学院修了、文学博士。現在、明治学院大学教授。専門は思想文化論。和辻賞、日本随筆家協会賞などを受賞。

単著に『〈あいだ〉の解釈学』（世界書院、2006年）、『ヘーゲル哲学入門』（ナカニシヤ出版、2009年）、『新版・体系への道』（創土社、2010年）、『東山魁夷』（ナカニシヤ出版、2014年）など。編著に『メディア論』（御茶の水書房、2007年）、『インター・カルチャー』（晃洋書房、2009年）、『グローバル・エシックス』（ミネルヴァ書房、2009年）、『新しい時代をひらく』（角川学芸出版、2011年）、『若者の未来をひらく』（角川学芸出版、2011年）など。

今泉六郎
ヘーゲル自筆本を日本にもたらした陸軍獣医

2015年12月29日　　初版第1刷発行

著　者　寄川条路
発行者　中西健夫
発行所　株式会社ナカニシヤ出版
〒606-8161　京都市左京区一乗寺木ノ本町15番地
Telephone　075-723-0111
Facsimile　075-723-0095
Website　http://www.nakanishiya.co.jp/
Email　iihon-ippai@nakanishiya.co.jp
郵便振替　01030-0-13128

印刷・製本＝亜細亜印刷／装幀＝白沢　正

ISBN978-4-7795-0997-1

ヘーゲル哲学入門

寄川条路

今なお深化し続けるヘーゲル哲学のエッセンスを凝縮。現代に至るまでのヘーゲル研究の成果と現状を概観し、壮大な思想の要所を学べる骨太の入門書。用語解説とコメント付き文献案内を併載。　二六〇〇円＋税

初期ヘーゲル哲学の軌跡

―断片・講義・書評―

寄川条路 編訳

フランクフルト期からハイデルベルク期までのヘーゲルの萌芽的作品群を収録。ドイツ古典哲学がどのようなものであったかを解き明かし、ドイツ観念論の新たな地平を切り開く。本邦初訳を含む。　二六〇〇円＋税

東山魁夷

―ふたつの世界、ひとすじの道―

寄川条路

魁夷のドイツ語の講演録を元に、生まれ育った日本と留学生として過ごしたドイツ、異なるふたつの文化の間で彼が育んだ芸術論を、「〈あいだ〉の美学」として読み解き、「魁夷の美」の核心に迫る。　二〇〇〇円＋税

なぜ、私たちは恋をして生きるのか

―「出会い」と「恋愛」の近代日本精神史―

宮野真生子

九鬼周造の『「いき」の構造』を手掛かりに近代日本における恋愛と自己の関係を探り、「恋」と「いき」の対比の先に、人を愛することの本質を炙り出す。いま日本を生きる私達のための恋愛の哲学。　一八〇〇円＋税

＊表示は二〇一五年十二月現在の価格です。